O ZEN NA ARTE DA PINTURA

HELMUT BRINKER

O ZEN NA ARTE DA PINTURA

Tradução
Alayde Mutzenbecher

EDITORA PENSAMENTO
SÃO PAULO

Título do original:
Zen in der Kunst des Malens

Copyright© 1985 da Editora Scherz — Berna, Munique, Viena — Para a Editora
Otto Wilhelm Barth.

Edição

2-3-4-5-6-7-8-9-10

Ano

91-92-93-94-95

Direitos reservados
EDITORA PENSAMENTO LTDA.
Rua Dr. Mário Vicente, 374 - 04270 - São Paulo, SP - Fone: 272-1399

Impresso em nossas oficinas gráficas.

SUMÁRIO

Para a compreensão do Zen 7

As fontes espirituais do Zen 15

Estética e conceito artístico do Zen .23

Da essência da pintura zen-budista 35

Iconografia Zen, temas e gêneros de seus quadros 45

A Pintura a serviço do Zen: suas tarefas e funções 131

Princípios de configuração e meios pictóricos 135

Notas 143

Para a Compreensão do Zen

Um traço característico do Zen e, até certo ponto, do homem asiático em geral é a compreensão e vivência que ele tem das coisas deste mundo — sejam elas vivas ou inanimadas —, a partir de seu interior. Ele deixa-se envolver por elas e não tenta compreendê-las a partir de sua aparência exterior, como fazemos habitualmente. Por isso, as obras de arte zen exigem, como nenhuma outra, daquele que as contempla, uma concentração íntima, silenciosa e paciente. Exigem ainda um recolhimento perfeito na observação do depoimento silencioso que, em última instância, reintegra tudo dentro de si, para então remeter tudo ao Nada absoluto (*wu*, em chinês, *mu*, em japonês) que jaz além de toda forma e de toda cor. Pode tratar-se de um jardim abstrato de pedras, de uma caligrafia artística jogada espontaneamente, de um quadro elaborado a nanquim, ou de uma taça de chá primitiva.

Se formos receptivos a esse paradoxo do depoimento silencioso do Zen e seguirmos as suas implicações de maneira correta — compreendê-lo racionalmente é impossível —, poderemos esperar então que essa específica atmosfera das artes zen nos impressione sem utilizar palavras, com a sua profundidade abissal e com a sua elevação, tantas vezes ocultas dentro do cotidiano. O problema consiste em sintonizar o cumprimento adequado de ondas necessário para essa captação.

O filósofo Eugen Herrigel (1834-1955), autor de um pequeno livro intitulado *A arte cavalheiresca do arqueiro zen** (1948), que se tornou um clássico da literatura zen, profundo conhecedor da mística do Japão, obteve uma extensa assimilação e rara compreensão do Zen. Baseado em sua própria experiência, ele descreve a irradiação da pintura zen-budista

---

* Publicado pela Editora Pensamento, São Paulo.

nos seguintes termos: "Estes quadros tão simples e ingênuos, que mostram tão pouco, estão imbuídos de Zen e o demonstram de tal forma que aquele que os contempla se rende ao seu encanto. Só conhece o poder emanado de um tal quadro quem alguma vez presenciou como — no decorrer de uma cerimônia de chá, que se estende por horas a fio, — a mudança de uma pintura ou de uma flor durante uma pausa altera e condiciona a atmosfera. Só a percebe quem observou como os convidados, totalmente concentrados, descobrem os mais profundos mistérios contidos nesse quadro, mistérios que não podem ser formulados com palavras. Só pode avaliar o magnetismo de uma obra de arte como essa quem constatou como os participantes deixam a sala de chá com um indescritível enriquecimento interior."[1] Porém, antes de encarar o desafio apresentado por essa pintura, é preciso indagar: o que é o Zen? Será o preenchimento do vazio, será a negação do ser, será a meditação concentrada sobre o Si-mesmo, ou a visão mística da Verdade Absoluta? A resposta é difícil, pois forçosamente deturpa a essência do Zen, turvando a sua clareza iluminadora.

Numa de suas peregrinações, três monges budistas ortodoxos encontraram certa vez um rapaz, discípulo zen, recém-chegado de um diálogo com o seu mestre Lin-chi I-hsüan (Rinzai Gigen, em japonês, falecido em 867), famoso por seus métodos drásticos de ensino. Como o encontro se deu sobre uma ponte, um deles, referindo-se a esta, lhe perguntou: "Qual é a profundidade do rio do Zen?" O discípulo de Lin-chi respondeu, espontaneamente: "O senhor deve descobri-lo por si mesmo!" Os dois acompanhantes do monge que fizera a pergunta mal tiveram tempo de impedir que o rapaz empurrasse o seu irmão ao rio. Como bem mostra este episódio, embora a pergunta formulada em princípio só pudesse ser respondida pela própria experiência, nessas condições, precisaria ao menos de uma tentativa de esclarecimento.

Do ponto de vista filosófico, o Zen é a forma sinojaponesa de verbalização do ideograma chinês *Ch'an,* que por sua vez surgiu de uma versão abreviada do conceito de Dhyana em sânscrito, incluído no vocabulário chinês. A respeito, não faremos a seguir uma precipitada separação entre o 'Ch'an e o Zen, porém oportunamente também usaremos a tão difundida versão japonesa, nos casos em que houver analogias com o chinês. O termo Zen é traduzido em geral como "meditação" ou "contemplação" ou, mais acertadamente, como "concentração". Em sua origem, essa palavra significava a prática budista de concentrar-se no âmago das coisas, significava a espontaneidade intuitiva do conhecimento que surgia da quietude e do silêncio na progressiva dinâmica existente nos simples acontecimentos da vida. Já no século II havia comentários sobre essa prática religiosa. A partir do início do século VI o Ch'an teve uma calorosa acolhida, como uma provável reação ao dogmatismo rígido e exacerbado da abstração metafísica e da sistemática especulativa das crenças do budismo ortodoxo. O Zen desabrochou no Japão, alcançando em fins do século XII o seu máximo desenvolvimento.

Se bem que o Zen, como movimento religioso, continuasse vivo no Japão até a atualidade, irradiando-se daí para a América e Europa, a palavra "ZEN" infelizmente foi mal-utilizada, e tornou-se moda em vários círculos, o Zen chegou até a ser vulgarizado como *slogan* de propaganda. Uma conhecida firma japonesa de cosméticos divulgou, com muito mau-gosto, o lançamento do perfume "Zen", designando-o como "totalmente feminino, com uma fragrância maravilhosamente nova e clássica". Certamente o Zen não é nada disso, mesmo quando, num Japão em constante transformação e no atual mundo agitado, ele se tenha desenvolvido em áreas que mal podemos imaginar e a despeito de todas as opressões que sofreu — o que está de acordo com a sua essência — e mesmo quando tenha produzido esses resultados inconscientemente.

Na verdade, apesar do exagerado fascínio que o Zen exerce, deveríamos nos compenetrar de que ele não é uma doutrina oriental secreta que ofereça curas milagrosas, nem é uma religião que proponha uma concentração mística irracional, nem é imprestável como um caminho para a libertação das amarras rígidas do convencionalismo das estruturas sociais e, ainda, nem é tampouco um instrumento que sirva efetivamente à psicanálise. "A diferença característica entre o Zen e todas as outras doutrinas religiosas, filosóficas ou místicas, está no fato de ele nunca desaparecer de nossa vida cotidiana e de, apesar de todo o seu aproveitamento prático e concreto, conter em si mesmo alguma coisa, que extrai do espetáculo da contaminação e inquietação mundanas."[2]

O Zen é uma das muitas escolas ou doutrinas — porém, não uma das seitas! — do Budismo Mahayana, cujos adeptos buscam alcançar a iluminação, o reconhecimento do eu interior, o "Nada" ou o Satori — como se diz no Japão — fora das doutrinas ortodoxas, das escrituras dogmáticas e dos rituais ligados à tradição, eles a buscam através da percepção intuitiva da verdade religiosa. O Satori vai amadurecendo lentamente, ou ocorre de modo súbito, a partir do próprio Eu superior, muitas vezes provocado ou estimulado por acontecimentos aparentemente insignificantes. O Satori não pode ser provocado por métodos teóricos ou por processos mentais analíticos que se utilizem da voz ou da escrita. O Satori acontece na vida diária, na consciência do cotidiano; ela arrebata e penetra o corpo e o espírito em seu todo, como uma individualidade. O intelecto, que reproduz algo da Lógica e da Sistemática, é totalmente desligado por ocasião do Satori, pois desvia o olhar para a forma exterior, para a superfície e para o que é irrelevante nas coisas deste mundo, em vez de dirigi-lo para a experiência pessoal na obtenção da verdade interior. "Do ponto de vista psicológico, o Satori é uma transposição das fronteiras do Eu. Observando-o a partir de uma perspectiva lógica, ele é um vislumbre da síntese da afirmação e da negação. Sob o enfoque metafísico, ele é uma percepção intuitiva de que o ser é o vir-a-ser, e o vir-a-ser é o ser."[3]

Há um verso notável que talvez seja o que melhor caracterize os fundamentos do Zen. Segundo alguns, é de autoria de Bodhidharma — patriarca indiano fundador do Ch'an na China, cuja morte ocorreu antes de 534 — e é uma síntese de seu novo ensinamento. Outros atribuem este verso ao mestre da dinastia T'ang, Nan-ch'uan P'u-yüan (Nansen Fugan, em japonês, 748-834). Foi composto em quatro linhas, cada qual formada por quatro ideogramas:

Kyoge betsuden, uma transmissão especial fora dos parâmetros do ensinamento (tradicional).
Furyu mongi, independência das escrituras (sagradas).
Jikishi ninshim, a imediata referência à alma humana.
Kenshö jöbutsu (conduz) à visão do (próprio) ser e ao estado de Buda.

As duas primeiras linhas insurgem contra o ensinamento escolástico e a instrução sistemática; denunciam a ortodoxia teológica e a crença cega nos textos. Reclamam a radical renúncia das escritas religiosas — uma tremenda revolução! Por outro lado, apóiam a "transferência" pessoal da verdade básica budista, do mestre diretamente ao discípulo, a "transmissão" de uma alma para outra alma" (*ishin denshin,* em japonês).

Essa fórmula tornou-se o conceito central do Zen e tem sua origem no *Fa-pao-t'an ching* ou no "Sutra-Plataforma", cujo autor, segundo a tradição, é Hui-neng, o sexto patriarca ch'an, cujo nome em japonês é Eno (638-713). O espírito iluminado do mestre zen atua como um catalisador que libera uma experiência semelhante no espírito do discípulo, sem "contribuir com nada de seu" — uma experiência que o neófito precisa fazer por si mesmo, pois o mestre não pode "dá-la" a ele. Por isso, os mestres ressaltam sempre que, em última instância, o Zen não pode ser ensinado, que ele não é transmissível. Por este motivo, esses conceitos, como "ensinamentos, traduções e transmissões", não são aceitáveis como soluções para denominar ou entender um processo intelectualmente incompreensível. Na invisível e silenciosa "transmissão" de experiências religiosas profundas, no máximo o Zen reduz a sua comunicação ao "silêncio trovejante", para usar uma fórmula que os seus mestres gostam de citar e que é extraída do Sutra Vimalakirti. "A palavra é, em si, menos que o pensamento; o pensamento é menos que a experiência. A palavra é um filtro, e o que passa por ela é despojado de sua melhor parte."[4]

É da maior importância o encontro pessoal do mestre com o discípulo sem qualquer interferência que a perturbe. A meta do Zen é a experiência individual da transcendência absoluta, que o adepto só pode alcançar diretamente pela provocação de um processo de autoconhecimento através da "explicação direta da alma humana", feito por um mestre espiritual experiente. O esclarecimento do Eu mais íntimo possibilita finalmente a experiência da identidade da própria essência com o Absoluto, a consciência da própria perfeição original ou natureza búdica.

Dizem que certa vez o famoso mestre do Ch'an chinês Huang-po Hsi-yun (Obaku-Kiun, em japonês, falecido por volta de 850) proferiu as seguintes palavras:

"Como o espírito é Buda, o caminho ideal para alcançar a plenitude é o desdobrar desse espírito búdico. Evita apenas o pensamento abstrato que conduz ao vir-a-ser e ao desvanecer, à miséria do mundo dos sentidos e a várias outras coisas. Então, já não precisarás de caminhos que te conduzam à iluminação ou de algo semelhante. Por isso está escrito:
O ensinamento de Buda leva a uma única meta:
transcender o espaço do pensamento.
Se a agitação dos pensamentos se aquietar,
de que servem então os ensinamentos de Buda?"[5]

Um dos meios que levam a essa experiência liberadora, ao irrefletido "esvaziamento", é a arte da "Meditação", que dá nome à escola. O *zazen*, denominação japonesa para o processo de "sentar-se em concentração" com as pernas cruzadas e a respiração natural, permite que a alma e o corpo se descontraiam, obtendo uma tranqüilidade não-intencional em perfeito estado de alerta. Os discípulos que se distraem durante a concentração são advertidos, estimulados e reanimados com fortes pancadas nos ombros e nas costas, dadas com uma vara achatada *(kyosaku)*, que os mestres zen trazem nas mãos e com as quais costumam ser retratados.

Entre os períodos do *zazen* imóvel, treina-se o "Zen em movimento" *(kinhin)*, que contribui para o desenvolvimento da capacidade de "transportar" os exercícios zen aos afazeres cotidianos. Na escola Lin-chi ou Rinzai, profere-se o chocante grito intraduzível "Ho!" (*"Katsu!"*, em japonês), cuja função assemelha-se aos golpes do *kyosaku* para exortar e incentivar. Assim como a vara, o grito pode ser utilizado no momento certo para ajudar o praticante a atingir uma experiência de Satori.

Os *koan* também são um meio de auxílio importante na escola zen. Esses paradoxos, "armadilhas", que em chinês denominam-se *Kung-an*, não são decifráveis pelo pensamento lógico e discursivo. Foram formulados, no decorrer do tempo, em círculos chineses de Ch'an, inúmeros conjuntos de *koan*. Os mais conhecidos foram o *Pi-yen-lu*, o "Manuscrito da Muralha de Esmeraldas",[6] compilado por Yuan-wu K'o-ch'in (1063-1135), e o *Wumen-kuan*, o "Passo sem portal", organizado por Hui-k'ai (1184-1260) e divulgado em 1228.[7] Os *koan* costumam conter episódios lendários, biográficos ou anedóticos, bem como diálogos ou provérbios dos grandes patriarcas. Deveriam servir aos neófitos como instrumento de sua própria prática religiosa, a fim de conduzi-lo finalmente à ealização de sua meta: a iluminação.

Como exemplo, citamos a pergunta de um monge a seu mestre: "Sempre que tenho algo a perguntar, sinto-me confuso em meu espírito. Como isso ocorre?" E o mestre respondeu: "Mate, mate!" O desafio aparentemente brutal do mestre indica, sem dúvida, a idéia de matar os desejos, de desligar os pensamentos, de esvaziar o espírito, preparando assim a experiência da iluminação. Outro monge certa vez perguntou: "Qual é o mais profundo significado da lei de Buda?" E a resposta do mestre foi: "Preencher todos os rios e todas as planícies." Essas tarefas provocam a meditação, e mexem quase que necessariamente com a fantasia do pintor, e são transpostas para o quadro em sua interpretação visual.

De acordo com a lenda, a "transmissão sem palavras" começou no monte Geier, próximo de Benares, quando o Buda histórico Shakyamuni respondeu a uma importante pergunta concernente à fé diante do povo reunido, erguendo uma flor à altura do peito, girando-a entre os dedos. Kashyapa foi o único que sorriu, dando a entender que compreendera o gesto — símbolo da mais elevada Verdade.

Foi o indiano Bodhidharma (P'u-ti Ta-mo, em chinês, Bodai-daruma, em japonês, falecido antes de 534) quem introduziu o Ch'an na China. Bodhidharma foi o último de uma série de vinte e oito patriarcas indianos. Seus sucessores foram o chinês Hui-k'o (487-593), Seng-ts'an (falecido em 606), Tao-hsin (580-651), Hungjen (601-674) e Hui-neng (638-713). Porém, já a partir do quinto patriarca houve rivalidades dramáticas, inflamadas, e oposições insuperáveis a respeito da correta sucessão do ensinamento sobre questões teológicas fundamentais, e estas conduziram a uma cisão. Formou-se então uma escola do Norte e outra escola do Sul, cujos representantes, Shen-hsiu (606-706) e Hui-neng, vislumbraram diferentes caminhos para conduzir à iluminação: reduzindo-os a uma fórmula curta, se bem que indiferenciada, o primeiro via o caminho surgindo através de um lento despertar; o outro o via num despertar súbito.

Os alunos de Hui-neng, que fora oficialmente inserido na patriarcado como sucessor, trabalharam arduamente durante os séculos seguintes na expressão definitiva do Ch'an chinês, e este esforço foi realmente reconhecido na história. O Ch'an chinês vivenciou sua grande época de florescimento durante o período T'ang (618-906), e difundiu-se, em parte reformulado, sob a dinastia Sung (960-1278). O imperador Ning-Tsung, que governou entre 1184 e 1224, institucionalizou a fusão e a hierarquia dos cinco mais importantes mosteiros ch'an em Hangchou e em Mingchou, na moderna província de Chekiang das "Cinco Montanhas" (*wu-shan*). Esses mosteiros serviram de modelo para a disposição do *Gozan* de Kamakura e de Kyoto, centros vivos de fortes irradiações da arte e da cultura zen. Foi durante essa etapa de seu desenvolvimento que o Budismo da meditação encontrou o caminho até o Japão.

As primeiras ligações do Budismo japonês com o movimento Ch'an, ainda jovem, no continente, remonta ao século VII. Foi quando o monge Hosso Dosho (629-700) viajou para a China, onde entrou em contato com um discípulo do segundo patriarca do Hui-k'o, chamado Hui-man. Além disso, durante a sua permanência de oito anos no continente, foi-lhe revelado o mundo de idéias e da prática religiosa da nova escola pelo experiente e viajado Hsuan-tsang (603-664). Contatos esporádicos desse tipo continuaram a ocorrer nos séculos que se seguiram. Manuscritos zen chegaram ao Japão, e a prática de meditação das escolas Tendai e Shingon impuseram respeito e aumentaram o seu prestígio.

Contudo, a verdadeira introdução e a implantação dos fundamentos do Zen no Japão deu-se somente no fim do século XII e início do século XIII. A princípio, devem-se a três monges educados na China, que começaram os três núcleos monásticos japoneses, com três correntes diferentes do Ch'an vindas do continente. São eles o reformador Myoan Eisai (1141-1215), fascinado principalmente pelas idéias de Huang-lung (Oryu, em japonês), da escola Rinzai; o erudito mestre Risshu-Shunjo (1166-1227), que havia estudado intensivamente o ramo Yang-ch'i (Yogi, em japonês) dessa mesma escola, e o pensador independente Kigen Dogen (1200-1253), cujo coração aspirava à realização da fé e dos ideais de vida pregadas pela escola Ts'ao-tung (Soto, em japonês). Seus discípulos e sucessores continuaram o trabalho iniciado, apoiados por mestres do Ch'an do porte de um Wu-an P'u-ning (1179-1276), de um Lan-ch'i Tao-lung (1213-1278), de Wu-hsueh Tsu-yuan (1226-1286) e de I-shan I-ning (1247-1317). Eles cimentaram as bases para a ascensão das "Cinco Montanhas, do *Gozan* de

Kamakura e de Kyoto". Outros mosteiros de elite zen em Kamakura, desde 1386, eram o Kenchoji, o Engakuji, o Jufukuji, o Jochiji e o Jomyoji.

Em Kyoto, além do mosteiro Nanjenzi, já integrante do *Gozan* por determinação do xogunato, havia o Tenryuji, o Shokokuji, o Kenninji, o Tofukuji e o Manjuji.

As Fontes Espirituais do Zen

A pintura no Zen — o Zen na pintura. Essa confrontação aparentemente sem sentido não deve ser entendida como um caprichoso jogo de palavras ou como uma tentativa de apresentação de uma "armadilha" zen, isto é, de um *koan*. Deve, porém, retratar a versatilidade e as dimensões do fenômeno, as inspirações de mudança mútua, assim como as contradições e dualidades ressaltadas pela infiltração de diversas religiões, culturas e tendências espirituais históricas, que encontraram visível expressão nessa pintura. Eugen Herrigel considera a pintura zen como um "efeito do Satori, o modo como este se retrata e vê, ... pois existe uma pintura zen bem-definida! Isto é, há obras em que a contemplação iluminada do vir-a-ser torna-se o conteúdo do quadro".[5]

Entretanto, a pintura zen não se tornou necessária e exclusivamente uma arte dos monges zen, elaborada para os mosteiros zen apenas, ou para os membros da comunidade zen, como talvez se poderia pensar. Principalmente na China, eram os eruditos, os poetas, os governantes e os literatos que, talvez incentivados por amigos mestres do Ch'an, pintavam obras com o espírito do Zen. Por vezes, esses pintores tratavam de temas zen-budistas e eram contratados ou por um mosteiro, ou por um prelado, ou até mesmo por um governante mundano com inclinações à meditação e ao budismo (eram formados pela academia de arte da corte). Através do contato, por vezes íntimo, com os funcionários da corte, normalmente confucionistas, os monges zen-budistas expandiram os seus horizontes para além das fronteiras do seu ambiente monástico. O budismo e o neoconfuncionismo encontravam-se aqui com uma troca frutífera e culturalmente criativa. Não se pode deixar de observar os estímulos recíprocos na filosofia, na arte e na literatura.

Não foram então apenas alguns artistas, que de certo modo faziam parte do clero budista, os que pintaram quadros tipicamente zen. Monges pintores também se apropriaram de conceitos artísticos, de temas e estilos dos literatos, concebendo quadros tais como elegantes representações de orquídeas, de bambus ou de pedras. Diante desses quadros, várias perguntas se atropelam: trata-se de pintura zen? Essas obras foram inspiradas pelo espírito zen? Essa é uma forma de arte budista, ou trata-se apenas de elaborações de monges artisticamente comprometidos, porém desprovidos de convicções religiosas? Talvez possamos responder a essas perguntas no decorrer das reflexões que faremos a seguir.

Contudo, antes disso devemos citar o Taoísmo como uma outra fonte do Zen e de sua arte. O patrimônio espiritual budista proveniente da Índia, que jaz como fundamento ideológico do Zen, na universalidade da essência búdica, estava muito próximo do conceito chinês do princípio transcendente, da idéia de que todas as coisas são inerentes e partícipes da natureza do Tao, que em tudo se manifesta. Os zen-budistas e os taoístas procuravam alcançar, através de práticas contemplativas parecidas, a compreensão das forças atuantes no mundo e no fundamento do ser. Ambos ressaltavam o ato original da concepção do ser, nutriam uma desconfiança contra a intelectualização de seus ensinamentos e baseavam-se na transmissão da "doutrina sem palavras" — expressão taoísta que se tornaria parte integrante da noção zen-budista de fé.

Tendo como pano de fundo essa visão do mundo, as representações da natureza, principalmente as paisagens, tornaram-se quase inevitavelmente meios de expressão desse conceito cosmológico do ser no círculo dos pintores zen-budistas. Trabalhando apoiados em sua iluminação religiosa, esses artistas viam o mundo a seu redor com outros olhos. Neles se havia realizado uma mutação que liberava o olhar para a percepção da presença da verdade salutar e salvadora do mundo dos fenômenos empíricos. Dera-se a supressão de todas as suas dualidades, acontecera uma unidade religiosa-metafísica do homem com a montanha, com as águas, com os animais e com as plantas. Disse certa vez um mestre: "Antes de estudar o Zen, as montanhas são montanhas e as águas são águas. Quando, porém, através do ensinamento recebido de um bom mestre, se vislumbra a verdade do Zen, as montanhas já não são mais montanhas e as águas já não são mais

Shakyamuni, Confúcio e Lao-Tsé ou "Os Três Ensinamentos" (fragmento). Obra atribuída a Josetzu (início do século XV). Encontra-se no Ryosoku-in, no Kenningi, em Kyoto.

águas. Porém, mais tarde ainda, quando se alcança a serenidade, então as montanhas voltam a ser montanhas e as águas voltam a ser águas."[9]

Para esclarecer as oposições que aparecem nas coisas e na demonstração da verdade feita pelo artista zen, também, de um ponto de vista diferente, citamos as palavras de D. T. Suzuki: "Transformar-se num bambu e em seguida esquecer que se faz parte da essência do bambu, enquanto se pinta — esse é o Zen do bambu —, que significa 'mover-se na vida rítmica do sentido', que tanto vive no bambu como no próprio artista." O que se exige aqui é uma segura percepção sensorial e a consciência dessa percepção. Essa é uma tarefa espiritual infinitamente difícil, e só é possível dominá-la após um treinamento. Desde os primórdios de sua cultura, quando ansiavam por atingir algo na esfera da arte ou da fé, os orientais foram exortados a se submeterem a esse tipo de disciplina. O Zen o sugere através de um ditado: "A Unidade no Todo e o Todo na Unidade. O gênio criativo encontra-se onde isso é plenamente compreendido."[10] Essa frase fundamental não reflete uma visão panteísta do Zen, porém denota mais uma vez a forte influência do Taoísmo. O enfoque taoísta revela o "Caminho da Natureza" manifestado na realidade preexistente do *Tao* e existente em todas as partes. Todas as oposições aparentes, inclusive as que surgem entre o cheio e o vazio, entre a multiplicidade e a unidade, entre o "Uno e o Todo", se anulam na recíproca interpenetração na "origem primária do ser".

A fusão sincretista das formas de expressão e de pensamento budistas, confucionistas e taoístas encontram o seu cunho mais expressivo na teoria dos "Três Ensinamentos e da Única Fonte" (*san-chiao i-chih*, em chinês, *sankyo itchi*, em japonês). Eram freqüentes, na China, os simpósios patrocinados pelo imperador, nos quais os representantes mais importantes discutiam a respeito do relacionamento das três doutrinas que defendiam. Discutiam sobre as suas vantagens e desvantagens. Ao mesmo tempo, nos séculos IX e X, artistas como Sun Wei e Shih K'o pintaram os três protagonistas desses ensinamentos juntos — o Buda histórico Shakyamuni, Confúcio e Lao-Tsé. Esse tema foi recebido com grande entusiasmo na atmosfera tolerante do zen japonês, principalmente no decorrer do século XV. As oposições existentes nos ensinamentos não eram consideradas, pois passavam por aspectos diferentes de uma única e mesma coisa. A constatação desconcertante de D. T. Suzuki a respeito deste tema é a de que os "zen-budistas são às vezes confucionistas, às vezes taoístas e talvez até xintoístas".[11]

O exemplo mais conhecido, e que foi preservado, desse agrupamento de figuras — Shakyamuni, Confúcio e Lao-Tsé — é uma pintura sobre um rolo elaborada numa técnica a nanquim, rústica e espontânea, que se encontra no Ryosoku-in do Kenninji, em Kyoto. Essa obra foi redescoberta em 1916 e, desde então, segundo os dois títulos do quadro, é atribuída ao monge-pintor zen *Josetzu*. Ao que tudo indica, este artista trabalhava no Shokokuji de Kyoto, no início do século XV. Dizem que seu nome de monge — *Josetzu*, cuja tradução corresponde a algo semelhante a "Que Bobo" — lhe foi conferido pelo erudito mestre e poeta zen Zekkai Chushin (1336-1405). Este baseou-se numa parte do 45º capítulo do clássico taoísta *Tao Te King*, o "Livro Sagrado do Caminho e da Virtude", que diz o seguinte: "Um grande íntegro parece distorcido; um grande conhecedor parece *bobo*; um grande orador parece mudo."[12]

O ideal ecumênico da igualdade interior do ser, no Budismo, no Confucionismo e no Taoísmo, e a liberação das amarras doutrinárias, confessionais ou de quaisquer outras limitações impostas artificialmente, reiteradas vezes tomou forma artística por meio de dois outros temas. Primeiro, nas representações dos "Três Degustadores de Vinagre" (*san-suan*, em chinês, e *sansan*, em japonês) e também nos quadros retratando as "Três Gargalhadas do Vale dos Tigres" (*Hu-ch'i san-hsiao*, em chinês, e *Kokei sansho*, em japonês). Esses dois temas foram os preferidos dos pintores zen, tratados por eles com fino humor.

Não importa se os "Três Degustadores de Vinagre" retratam Shakyamuni, Confúcio e Lao-Tsé ou os famosos literatos da dinastia Sung, Su Tung-p'o (1036-1101), Huang T'ing-chien (1045-1105) e seu amigo, o monge Fo-yin do mosteiro Chin-shan. Eles representam a identidade essencial das três visões de mundo em forma alegórica, ao provarem juntos o vinagre contido num jarro. Objetivamente, trata-se do mesmo líquido; porém, subjetivamente, cada um deles sente um sabor diferente.

A mais encantadora versão dos "Três Degustadores de Vinagre" de que temos conhecimento é de autoria do monge e pintor Reisai, que trabalhou provavelmente por volta da metade do século XV em Tofukuji, perto de Kyoto. É provável que ele tenha sido enviado à Coréia em 1463. A imagem dos três velhos, de pé em volta de um grande jarro de cerâmica, com os olhos fechados e os lábios protuberantes, inteiramente concentrados em sua degustação, foi pintado a nanquim sobre papel, com traços fortes e rigorosos. O artista assinou a sua obra embaixo, à direita, com o selo contendo o lema *Kyaku to jitchi*, que significa "colocar os pés sobre chão firme". Essa pintura em rolo encontra-se atualmente no Umezawa Kinenkan, em Tóquio. Na época de Momoyama, o pintor Kaiho Yusho (1533-1615), educado em Tofukuji e desde então famoso nos círculos de Kyoto, retratou esse tema nas seis faces de um guarda-sol. Este está guardado no Myoshinji, em Kyoto, onde a imagem burlesca do monge Kanzan forma

um par junto com a de Jittoku. Alguns artistas zen mais recentes, como Hakuin, no século XVIII, também dedicaram sua atenção ao tema dessas figuras "clássicas".

Do ponto de vista histórico, as "Três Gargalhadas do Vale dos Tigres" é o tema mais antigo entre essas três alegorias. Por sua vez, as caligrafias de Kuan-hsiu (832-912), famoso monge, pintor e poeta ch'an, narram a história do poeta T'ao Yuan-ming (372-427), representante do ideal eremita individualista cuja origem remonta à casa de Confúcio, ao mago taoísta e filósofo formalista Lu Hsiu-ching (406-477) e ao conhecido sacerdote da igreja budista, Hui-yuan (334-416). Quando, no ano de 384, este último ingressou no mosteiro de Tung-Lin na montanha de Lu, às margens do lado Sul do rio Yangtze, ele fez votos de nunca mais sair da comarca dos mosteiros sagrados e de jamais trilhar o mundo profano dos desejos e da sujeira cotidiana dos homens. Certa vez, porém, ao receber a visita de T'ao Yuan-ming e de Lu Hisu-ching, ao acompanhar seus queridos hóspedes até a saída numa conversa animada, ele cruzou inadvertidamente a ponte do Vale dos Tigres, fronteira limítrofe entre o terreno monástico e o mundo exterior. Repentinamente, os três homens ouviram o rugir de um tigre, e Hui-yuan compreendeu de imediato a quebra inconsciente do seu voto. Ao se darem conta do engano, os três deram uma sonora gargalhada, pois tiverám a clareza de discernir que mesmo as mais rígidas barreiras e os mais inflexíveis propósitos não eram capazes de deter a liberdade e a pureza espiritual.

Segundo Kuan-hsiu, houve um outro artista excêntrico que retomou o mesmo tema engraçado das "Três Gargalhadas do Vale dos Tigres". Shih K'o ornamentou com esse tema a parede de sua casa, na qual mais tarde viveu nada menos que o grande homem de Estado, poeta, historiador e arqueólogo Ou-yang Hsiu (1007-1072). Contam que Su Tung-p'o, contemporâneo mais moço do neoconfucionista Ou-yang, escreveu um verso nessa mesma parede pintada. Infelizmente, não se conservou nenhum traço dessa encantadora obra dos séculos X-XI. Entretanto, conhecemos algumas boas pinturas japonesas a nanquim provenientes do século XV a respeito dessa alegoria tão querida nos círculos zen, provavelmente criadas pelo monge zen Chuan Shinko, que viveu por volta de 1450 no Seirai-an do Kenchoji, em Kamakura.

Os "Três Degustadores de Vinagre" (recorte) de Reisai (meados do século XV), inscrição de Yaun Eitsu, Umezawa Kinenkan, Tóquio.

Todas essas pinturas fazem parte da coleção Hosomi, de Osaka, ou da coleção Powers, de Nova York. Estas últimas são obra do monge e pintor zen Bunsei, que trabalhou por volta da mesma época, em estreito contato com o Daitokuji, em Kyoto. Deparamo-nos finalmente com as "Três Gargalhadas do Vale dos Tigres" numa versão pintada a nanquim do excêntrico abade de Shofukuji, Gibon Sengai (1750-1837), que acrescentou o seguinte verso de trinta e sete sílabas ao quadro:

"De que riem?
As nuvens não anulam os votos.
Pela manhã e ao cair da tarde
elas passam, leves, sobre a ponte de pedra
que atravessa o vale."

No Japão, a pintura religiosa figurativa denominada *Doshakuga*, proveniente do Taoísmo e do Confucionismo, mas em sua essência originária de fontes zen-budistas, contrasta com a pintura do culto tradicional do Budismo ortodoxo denominado *Butsuga*, e com o retrato idealizado do patriarca zen *(soshi-zo/zu)*, e também com as imagens dos sacerdotes zen designados como *Chinzo*. O conceito inerente à palavra *Doshakuga* pode ser traduzido literalmente por "Imagens que esclarecem o Caminho que leva à Iluminação". Num sentido mais amplo, significa também pintura *(ga)*, taoísta *(do)* e budista (*shaku* — interligada ao ideograma *Shaka*, de Shakyamuni). As obras zen deste tipo possuíam múltiplas características didáticas e seu modelo era de elevado valor paradigmático. As figuras integradas na pintura zen provenientes da história e das lendas confucionistas e do rico panteão taoísta preenchem a função de padrões estimulantes a serem copiados.

Estética e Conceito Artístico do Zen

É evidente que a ação simultânea e recíproca do Zen, observada em todas as partes, e a sobrecarga cansativa de sua arte, assim como o número extraordinário de publicações recentes a esse respeito, causaram um questionamento da pintura especificamente zen, principalmente na China. Por isso deu-se uma importância maior aos elementos confucionistas no decorrer deste processo de amálgama cultural. Essa expansão talvez seja bem-vinda para o enfoque freqüentemente estreito demais de certos autores. Porém o Zen não deve ser entornado, como se fosse um banho de esclarecimentos. É verdade que não existe um estilo integrado único de pintura zen e que não há nenhuma lei geral para a sua forma, nenhum cânone inteiramente iconoclástico ou formal.

Do mesmo modo, seria por demais simples e unilateral, para não dizer falso, equiparar a pintura a nanquim espontânea, abreviada e sugestiva, já estabelecida na China desde o século XIII e desdobrada no Japão um século mais tarde, com a pintura zen. Esta denota um espectro de manifestações artísticas muito mais amplo, de métodos, técnicas, temas, formas e estilos, e é difícil detectar as marcas zen características de um quadro. A pintura zen não é, na arte asiática, um gênero impenetrável, isolado ou nitidamente delimitado. Muito pelo contrário, por um lado ele deve ser inserido na história geral da pintura da China e do Japão e, por outro, deve ser considerado como parte do desenvolvimento geral da arte budista asiática.

Os pintores poderiam recorrer a um reservatório milenar extremamente rico ao escolher os meios artísticos e o estilo. Ao fazê-lo, estariam decerto inserindo princípios e formas tradicionais na liberdade própria do espírito zen e de sua ampla abertura a um novo contexto, modo de execução e de interpretação talvez surpreendentes e inconvencionais, de modo que um estilo de pintura acadêmico firmemente estabelecido pudesse ser utilizado num tema inquestionavelmente zen e, dessa síntese, nada ortodoxa, surgisse algo novo, isto é, uma obra de arte zen. Por outro lado, os pintores que, por convicção própria e individualmente liberados, livres das amarras dos critérios conservadores, que quisessem trabalhar os temas oriundos da arte budista no mundo pictórico de temas assumidos pelo Zen, podiam fazê-lo com métodos não-ortodoxos, e utilizando meios severamente censurados pela crítica conceituada da arte chinesa. Através de seus trabalhos, legavam justamente a arte conscientemente inacabada e despretensiosa, revelavam os elevados valores estéticos e religiosos que surgiam, espontâneos, na compreensão dos adeptos do Zen.

Esse tipo de pintura foi adotado e conservado como algo do mais elevado valor nos mosteiros zen do Japão, assim como pelos seus poderosos vizinhos políticos que, tendo consciência artística, a estimulavam. A partir dos séculos XIII e XIV, o clima religioso-cultural de todo o povo no Japão foi cunhado pelas influentes personalidades do Zen, muito mais do que aconteceu na China. Seus princípios artísticos e estéticos também se estabeleceram como válidos nos círculos mundanos.

Quais são esses princípios estéticos? Em primeiro lugar, sobressai um sentido elementar de simplicidade autêntica, de singeleza, de objetividade e de pureza comovente em todas as criações artísticas imbuídas do espírito zen, assim como nas aptidões artísticas amadurecidas através dos "Caminhos" *(do)* do Zen, principalmente o Caminho do Chá *(chado)*. Esses princípios têm um sentido crescente de objetividade imediata, assim como um profundo respeito pela natureza.

Shin'ichi Hisamatsu, filósofo contemporâneo e profundo conhecedor do Zen, ressaltou sete particularidades em seu livro *Zen to bijutsu*.[13] Estas caracterizam particularmente uma obra de arte zen por uma valorização num mesmo plano. São elas: assimetria *(fukinsei)*, singeleza *(kanso)*, altivez desafetada *(koko)*, naturalidade ou evidência *(shizen)*, profundidade abissal *(yugen)*, desapego *(datsuzoku)*, quietude, serenidade interior e equilíbrio *(seijaku)*. Esses conceitos fornecem uma boa idéia das qualidades importantes numa obra de arte zen. Algumas delas visam, além de seus valores estéticos, a elevados ideais morais e religiosos e, ao mesmo tempo, abrangem os pensamentos básicos de uma concepção artística, através da qual o Zen se diferencia especialmente das escolas ortodoxas do budismo Mahayana. A seguir, tentaremos delinear essa concepção de arte especificamente zen-budista, em seus traços fundamentais.

Em sentido tradicional, os quadros do culto desempenham o mesmo papel insignificante no Zen como nos sutras clássicos do Mahayana. O que

24

se procura é a "independência das escrituras sagradas", e uma "transmissão especial exterior à direção do ensino tradicional". Desse modo, o Zen desenvolveu uma literatura abrangente, genealógica e hagiográfica. Além disso, as "Obras Completas" (*yu-lu*, em chinês, e *goroku*, em japonês) de qualquer grande mestre zen eram geralmente compiladas postumamente pelos seus discípulos, apoiando a mais sincera e legítima "transmissão de alma a alma". Nelas manifesta-se finalmente o espírito iluminado do mestre zen, do modo mais claro e puro, analogamente ao que acontecia com as dedicatórias dos quadros, por vezes escritas pelo próprio punho daquele que era retratado e, em outras ocasiões, "rastros de nanquim" (*mo-chi*, em chinês, *bobuseki*, em japonês) elaboradas pela mão de um mestre zen.

Mais efetivo do que a tentativa talvez insignificante de retratar uma imagem, um testemunho manuscrito consegue transferir a essência e o espírito do mestre a seu discípulo; consegue "indicar direta e espontaneamente alguma coisa à alma dos homens" e, transcendendo espaço e tempo, mantém desperta no consciente a presença invisível do exemplo espiritual.

Para os jovens zen, existem, ao lado dos já mencionados títulos, certos documentos, alguns com elevado nível artístico e literário, que cumprem uma tarefa evocatória, a partir do conteúdo primário ou seu significado:

1. *Fa-yu* ou *Hogo* — "palavras do Dharma", contêm variadas indicações dirigidas ao discípulo zen em forma de ensaio ou de poesia, de como alcançar a maturidade espiritual ou a iluminação.
2. *Fu-fa-chuang* ou *Fuho-jo* — indicações a respeito da continuação do ensino e da função, dirigidas ao discípulo zen escolhido para essa tarefa.
3. *I-chi* ou *Yuige* — instruções em forma de verso, escritas no momento da morte. Equivalem ao testamento religioso de um mestre zen.
4. *Yin-k'o-chuang* ou *Inka-jo* — certificados de aprovação; atestam ter o discípulo zen cumprido todos os requisitos necessários para o mestrado.
5. *Tzu-hao* ou *Jigo* — nome recebido na confirmação, escrito, via de regra, em dois grandes ideogramas, conferidos aos discípulos zen excepcionais, por ocasião de sua aprovação.
6. *Ch'ih-tu* ou *Sekitoku* — cartas ou epístolas.

Nada está mais longe das intenções dos adeptos do Zen do que buscar o objetivo de sua fé por meio de uma veneração ou de uma admiração ao culto da imagem; ou de se deixar guiar por um ritual esotérico, com uma liturgia decorrente de regras rígidas, em que símbolos fixos e inflexíveis são condensados numa linguagem de sinais. Se tivéssemos de caracterizar o conceito de arte do Zen-budismo de modo breve e sucinto, principalmente no que também concerne à sua compreensão temática pictórica, talvez as palavras mais apropriadas sejam as de Bodhidharma, o primeiro patriarca do Ch'an. À pergunta do imperador Wu (464-549), da dinastia Liang, quanto ao "mais elevado sentido da verdade sagrada", ele respondeu: "A amplidão — nada de sagrado". Essas palavras marcantes formam o prelúdio do *Pi-yen-lu*, o "Manuscrito da Muralha de Esmeraldas". Esta obra tão conhecida contém uma centena de "armadilhas", ou *koan*, compiladas por Hsueh-tou Chung-hsien (980-1052). Em sua origem, continham os relatos do mestre ch'an Yuan-wu K'o-ch'in (1063-1135) sobre os seus alunos, sem qualquer intenção de que suas narrações fossem reunidas mais tarde e divulgadas como exemplos.

Ta-hui Tsung-kao (1089-1163), um discípulo de Yuan-wu, acreditava certamente estar agindo de acordo com o pensamento do seu mestre, ao queimar o *Pi-yen-lu*, numa demonstração contra a profusão de ofertas de manuscritos zen. Existiam, porém, outras cópias além das de Ta-hui, de modo que até hoje foram preservadas as indicações, os exemplos e os louvores que compõem esse texto.[14] Alguns outros exemplos demonstram com que radicalismo o Zen se afastou da literatura tradicional e do culto à imagem.

O sexto patriarca Hui-neng não sabia ler nem escrever, fato que é ressaltado em vários escritos. Ao se tratar de controvertida questão da sucessão do quinto patriarca, ele devia responder ao poema do seu rival. Este o havia escrito durante a noite, como ilustração, na parede do corredor do mosteiro que seria percorrido no dia seguinte. Hui-neng teve de pedir a um monge amigo para escrever um verso para ele. Este é o tema de um quadro magnífico, atribuído, segundo a tradição, ao famoso pintor acadêmico Liang K'ai (que trabalhou na primeira metade do século XIII) da dinastia Sung. Alguns julgam, entretanto, que se trata de uma cópia japonesa. Esta obra transmite, do modo mais penetrante, a profunda aversão do zen-budista no que concerne à dependência aos textos escolásticos. Um velho e desgrenhado monge, possivelmente o sexto patriarca Hui-neng, estraçalha, com um prazer sarcástico, um rolo contendo um sutra. Outro monge ch'an, Te-shan Hsuan-chien, falecido em 865, parece ter seguido esse exemplo, ao queimar todos os sutras depois de ter atingido a iluminação.

T'ien-jan (738-824), de Tan-hsia, mestre ch'an teimoso, demonstrou a postura cética do Zen a respeito da noção de que as imagens do culto contêm uma substância religiosa e que esta se manifesta. Várias coletâneas de textos zen transmitem episódios surpreendentes a respeito desse mestre.

26

"O Monge de Tan-hsia queima uma estátua de madeira do Buda." Autoria de Fan-yin T'o-lo, primeira metade do século XIV, Bridgestone Art Museum.

Ele não só escandalizou o seu meio ambiente fingindo-se por vezes de surdo ou de mudo, como também, com sacrílego desprezo por todas as regras monásticas, subiu certa vez sobre uma estátua do Buda. Em outra ocasião, como sentisse frio, acendeu uma fogueira utilizando uma estátua do Buda em lugar de lenha. Quando o abade do mosteiro o interpelou, T'ien-jan respondeu que aspirava encontrar o *sharira*, uma relíquia do Buda, entre as cinzas.[15] Quando o abade, indignado, lhe perguntou como poderiam surgir relíquias de um pedaço de madeira, o monge respondeu: "Nesse caso, por que me recrimina por queimar um pedaço de madeira?"

Yin T'o-lo, mestre e pintor da tradição ch'an, provavelmente oriundo da Índia, que parece ter trabalhado principalmente na região da costa oeste da China na primeira metade do século XIV, e cujo nome monástico era Fan-yin-T'o-lo, transpôs essa anedota que ilustra a concepção zen, para um quadro, e o fez com muito humor. A pequena pintura a nanquim, atualmente montada em rolo, está exposta no Bridgestone Art Museum de Tóquio, na Coleção Ishibashi. É a reprodução do segmento de um rolo maior, que ilustra outras anedotas semelhantes, típicas do Zen.

O monge de Tan-hsia não está agindo de um modo fanaticamente iconoclasta ao usar a estátua do Buda como combustível para se aquecer. Muito pelo contrário, ele lança por terra a crença inabalável dos budistas ortodoxos, na hipóstase do absoluto no que se refere à imagem do culto e, ao mesmo tempo, leva *ad absurdum* o culto à relíquia, tão amplamente difundido. O Zen admite as imagens de budas e de bodhisattvas, porém não as considera sacrossantas. De modo que, ao subir numa estátua sagrada, T'ien-jan, em última análise, apenas quis demonstrar franca e provocadoramente sua indiferença e desapego interior à santidade e à elevação dessa estátua. Para ele, os quadros — mesmo as imagens que representam Buda — são algo de efêmero e, em última instância, tentativas condenadas ao fracasso desde o início — tentativas de tornar a essência do ser búdico *(buddhata)* visível e palpável, ou até de concebê-lo numa figura pessoal.

O Zen preferia retratar as figuras de seus grandes mestres, dos fundadores de templos, cujas estátuas são até hoje preservadas em vários mosteiros zen disseminados pelo Japão. É significativo que, além dessas, não haja nenhuma outra obra plástica zen-budista que mereça menção. De um modo geral, talvez até se possa constatar, na fase madura do Zen, uma tendência à não-imagem, sem que isso leve necessariamente a uma hostilidade aos quadros em geral.

O tipo e a natureza de um quadro zen, entretanto, são fundamentalmente diferentes das obras de pintura sacra budista tradicional. A riqueza do culto budista e a força irradiante de suas cores, do ouro, das jóias e da sua multiplicidade de formas iconográficas fixas, ordenadas hierarquicamente e calculadas com precisão, contrastam com a espontaneidade despretensiosa da pintura zen, que lança por terra as convenções estabelecidas. A pintura zen é francamente ascética, com uma severidade de formas que age de um determinado modo, com uma objetividade e singeleza que abdica dos acabamentos, do virtuosismo e da riqueza em favor do uso de meios artísticos bem simples. A simplicidade e a singeleza dão-se as mãos, como regra, na escolha do motivo a ser retratado e dos materiais utilizados, assim como há uma acentuada preferência para o vazio como fundamento do quadro. Com freqüência, o vazio é muito mais do que um mero fator integrante da composição artística, — mais do que apenas uma parte não pintada na composição do quadro. Em última instância, o vazio, desprovido de forma, de cor ou de qualidade (*ku*, em japonês), alcançou o mais alto significado na compreensão do Zen como símbolo abstrato. O fundo vazio do quadro é identificado com o fundamento vazio do ser e com o Satori, isto é, com a verdade absoluta e com o mais elevado grau de Conhecimento.

A tão apreciada parábola zen do "Búfalo e seu pastor", ilustrada desde o século XI em várias séries de versos e quadros, serve ao discípulo como apoio espiritual rumo à meta da iluminação. Nela, o processo progressivo de maturação é comparado ao Caminho Zen, e retratado em 10 estágios. Começa com a procura e a captura de um búfalo aquático, que julgavam perdido, por um jovem e simplório pastor, que finalmente o reencontrou. No oitavo estágio há um círculo vazio, para representar o esquecimento destituído de intenções ou desejos, tanto do búfalo como do pastor. Em outras palavras, o círculo seria o "deparar-se com a exposição do próprio ser", que conduz ao "estado de Buda". Assim como a resposta do Bodhidharma à pergunta do mais elevado sentido da verdade sagrada: "A amplidão — nada de sagrado."

O círculo (*yuan-hsiang*, em chinês, *enso*, em japonês) é, desde a antiguidade, um elemento central integrante do patrimônio do pensamento do Zen-budismo. O terceiro patriarca chinês, Chien-chih Seng-ts'an (falecido no ano 606), em sua obra intitulada *Hsin-hsin-ming*, já fala da "caligrafia gravada a cinzel, da crença no espírito", do círculo que se assemelha ao "grande vazio; nada lhe falta, nada é supérfluo". O círculo como "manifestação plena" e como uma forma sem princípio nem fim encerra em si o retorno de todos os opostos à unidade absoluta e, assim, o "verdadeiro vazio" (*chen-k'ung*, em chinês, e *shin-ku*, em japonês). Simboliza o ser essencial sem forma e sem cor de todas as criaturas, a "feição original anterior ao nascimento" da qual o *Wu-men-kuan* diz o seguinte: "Mesmo quando desenhado, ele não é desenhado."

Portanto, o símbolo mais adequado, ou melhor: o não-símbolo, para "o vislumbre do próprio ser" na pintura zen, é o fundo vazio. "A interpretação imediata da alma do homem" que mostre o vislumbre da "feição original anterior ao nascimento" — no dizer daquela já tão citada frase fundamental do credo zen — nos conduz ao monge e pintor japonês, Mokuan Reien. Esse artista trabalhou, na China, de 1325 até sua morte, em 1345, e ilustra este mesmo enfoque num quadro humorístico a nanquim, que se encontra exposto no Museu de Arte de Atami. Inspirando-se numa imagem chinesa do monge-mendigo Pu-tai (Hotei, em japonês), falecido em 916, que por sinal também é atribuída a Mokuan, ele representou a alegria através da imagem do velhinho careca que, sorridente, com a mão levantada, apontava para o alto, para o vazio. Outra interpretação do tema que facilita a compreensão desse gesto significativo é o surgimento, em seu ponto fixo, de um pequeno círculo (Nimbus), no qual aparece uma miniatura da figura do Buda sentado. É a "feição original" de Pu-tai, indício de sua condição iluminada e, ao mesmo tempo, uma referência a Maitreya, o futuro Buda, que a posteridade considera como a sua encarnação terrena.

Duas imagens japonesas de Hotei apontando para cima são intimamente aparentadas com estes quadros a nanquim feitos na China. A primeira versão, atualmente guardada no Museu Nacional de Tóquio, leva o selo de um artista pouco conhecido chamado Koboku, supostamente ativo em Kamakura no decorrer da primeira metade do século XVI. A segunda faz parte da coleção da Sra. Milton S. Fox; trata-se de uma obra de Yamada Doan (falecido por volta de 1573), contendo uma inscrição de autoria de um certo Tokei Dojin, escrita em quatro linhas. A tradução dos versos diz mais ou menos o seguinte:

"Barrigudo, com o manto bem aberto.
Tesouros jazem no fundo do saco.
No firmamento descortina-se um outro caminho.
Não busques o que ele aponta com o dedo."

Essas linhas deveriam servir como advertência para não se procurar o caminho que conduz à iluminação de modo consciente e ansioso. Contudo, se não nos atemos à indicação do autor não-identificado e tentamos penetrar o segredo invisível sugerido por Hotei, chegamos à conclusão de que ele poderia estar se referindo à lua cheia, além dos tipos já mencionados de interpretação. Estando acima do turbilhão do mundo, Hotei denota, em todas exposições deste tipo, o sorriso descontraído daquele que sabe. A lua cheia passa pelo firmamento como símbolo do "verdadeiro vazio sem rastros" (*chen-k'ung wu-hsiang*, em chinês, *shinku-muso*, em japonês), e foge completamente a qualquer interpretação.

O saco sempre repleto de Hotei, no qual jazem "tesouros" ocultos, poderia ser interpretado como o objeto visível e palpável do vazio total; e a lua, invisível e sem traços, como o receptáculo para a consciência da câmara de tesouros *(alaya-vijñana)*. A pintura a nanquim de Koboku, assim como as imagens posteriores do artista Zenga, retratam significativamente Hotei em pé sobre o saco de mendigo, pisando portanto sobre a sólida base dessa "consciência da câmara de tesouros". Lembremo-nos que o monge e pintor zen Reisai gravara em seu brasão o seguinte lema: "Firmar o pé sobre o chão firme."

O grande patriarca hindu Nagarjuna (século II ou III) — a quem a escola Mahayana deve o ensinamento do "Caminho do Meio" com seu conceito central do "Shunyata, o vazio absoluto" (*k'ung*, em chinês, *ku*, em japonês), também já comparou o ser búdico à lua cheia, "amplidão vazia e luminosa". Um verso a ele atribuído diz o seguinte:

"O corpo surgido da figura redonda da lua
Mostra abertamente todos os seres de Buda.
Atentem, pois o vazio não é algo externo,
não é para os olhos, nem para os ouvidos."[16]

Em essência, o Zen parece ter desenvolvido desde cedo o princípio de ensinamento e aprendizagem, baseando-se em uma das várias camadas da simbologia do círculo. Em sua expressão especulativa e teorizante, este situa-se nas fronteiras da brincadeira lógico-intelectual. Nan-yueh Huai-jang (falecido em 775) foi o primeiro mestre do Ch'an que desenhava círculos no ar com a mão, para demonstrar simbolicamente, diante de seus discípulos, a essência da verdadeira iluminação. Na escola Wei-yang, essa idéia foi ainda mais desenvolvida num sistema dialético complicado, composto por 97 figuras circulares, só compreensíveis para os iniciados.

Os artistas zen da Idade Média só raramente se ocuparam dessa simbologia do círculo. O círculo como símbolo do espírito absoluto, como pleni-

"Círculo" (enso, em japonês), de Yamada Kensai (1911-1974), Chuo Tokenkai, Tóquio.

tude, como vazio do universo que a tudo envolve, e como multiplicidade e oposição em sua duração, como essência búdica, transcendente, fora do espaço e do tempo, só foi retomado com certa freqüência pelos renovadores posteriores do Zen no Japão. Estes, os representantes dos chamados *Zenga*, faziam parte de uma corrente desdobrada a partir da pintura zen-budista desde o século XVII. Sentem, na verdade, de vários modos, a falta de seriedade espiritual e de concentração artística da antiga arte zen. O monge budista Isshi Monju (1608-1646), proveniente do Eigenji nas proximidades de Kyoto, cuja morte foi prematura, escreve, por exemplo, como explicação desse círculo:

"Vê, pois, vê! A verdadeira essência búdica
não se retira nem se fecha diante de ti.
Abre os olhos, tolo!"[17]

Da Essência da Pintura Zen-budista

Em suas bases mais profundas, o Zen-budismo e sua arte permanecem adversas ao simbolismo formal. Antes do florescer do *Zenga*, havia apenas tentativas tímidas de utilizar sinais simbólicos puros, abstratos e de difícil compreensão. "Poder-se-ia dizer até que o Zen almeja transcender qualquer simbolismo tradicional, alcançando um novo simbolismo, de ordem mais elevada. Porém, curiosamente, estes símbolos de ordem elevada são justamente os mais comuns, coisas simples, extraídas de qualquer setor da experiência cotidiana."[18]

O homem zen é receptivo e completamente aberto a esses símbolos transcendentes, a abreviações e cifras sugestivas, a metáforas e a alegorias não-convencionais, através da contemplação da natureza e das coisas singelas e de representações de relatos palpáveis de pessoas, retratos ou anedotas sobre figuras sagradas de patriarcas e de mestres veneráveis. Em suas obras, a pintura zen procura facilitar o imediato avanço até a última informação, procura abrir os olhos para o que é importante nas coisas; ela tenta testemunhar a grande história, a tradição viva e inquebrantável da própria escola.

Ao contrário da arte clássica Mahayana, ela renuncia conscientemente a colocar numinosas personificações ou símbolos do absoluto e a transferir para o quadro o próprio efeito majestoso sagrado. Em vez disso, a arte zen inclina-se a basear-se em coisas insignificantes do dia-a-dia deste mundo, em elementos da natureza, do âmbito da vida e da experiência humana comum: animais, flores, frutas, pedras e a paisagem que a tudo envolve. O quadro tem aqui uma função religiosa completamente diferente, com um teor de realidade mais acessível. A pintura zen perde, em grande medida, o caráter oficial e a pretensão à objetividade no sentido do presente numinoso, assim como a substância mágica do culto da arte sacra budista ortodoxa. Dá-se uma subjetivação, uma evocação diante da obra que se contempla. Ela torna-se testemunho da procedência espiritual, documento de vínculos e experiências pessoais, sugestão estimulante para a meta da iluminação; torna-se uma prova da maestria adquirida, ou um incentivo para a prática e o entusiasmo privados.

Comparando-os com as obras da pintura esotérica budista, e também com a arte de Amithaba, tão próxima do povo, os quadros zen têm um efeito de sobriedade no que concerne a esse lado desmitificado. De fato, no sentido mencionado anteriormente, nem sequer são reconhecidas como obras de arte com implicações religiosas, pois contêm justamente a "amplidão — nada de sagrado".

Durante o período Muromachi (1336-1568), os círculos artísticos zen, assim como os pintores nos mosteiros e o grupo de curadores e de proprietários da coleção Ashikaga dos shogens, gostavam de reunir num tríptico o retrato de uma figura religiosa junto com pinturas meramente mundanas. O mesmo se deu também posteriormente com as antigas obras chinesas. Via de regra, escolhia-se como peça central do tríptico a representação de uma figura zen-budista sagrada, talvez o Buda histórico Shakyamuni quando retornava das montanhas (*Shussan Shaka*, em japonês), ou o Avalokiteshvara Bodhisattva sentado (*Byakue Kannon*, em japonês), vestido de branco, envolto por uma paisagem deslumbrante. Nas laterais, utilizavam-se não só paisagens, como também ilustrações com um par de tigres ou dragões, com flores, pássaros e macacos.

Toda uma série desses trípticos é exibida no inventário *Gyomotsu on-e mokuroku* e no inventário de pinturas chinesas da coleção Ashikaga, de Kyoto, elaborados durante a regência do oitavo xogum Yoshimasa (1435-1490) pelo seu conselheiro artístico e curador, Noami (1397-1471). Os mais famosos exemplos conservados são: três rolos, obra do monge-pintor Mu-ch'i (falecido entre 1269 e 1274), pertencentes ao Daitokuji de Kyoto, retratando o Bodhisattva Kuanyin vestido de branco, com uma macaca e seu filhote nos braços, e um grou de porte altivo. Outro exemplo é o retrato de *Shussan Shaka*, de Liang K'ai, ladeado de duas paisagens nevadas, e a imagem japonesa de Shakyamuni surgindo das montanhas, flanqueado por dois pessegueiros em flor, obra em nanquim de um pintor anônimo da época do quarto abade do Tofukuji Hakuun Egyo (1223-1297). Esse acrescentou as inscrições nesses três rolos, até hoje pertencentes ao Rikkyoku-an. Há também o tríptiço com a imagem do *Byakue Kannon* no centro de uma folha de lótus, flutuando sobre as ondas, atribuído, segundo a tradição, ao obscuro pintor Isshi, ativo em Muromachi na primeira quarta parte do século XV. Em ambos os lados dessa imagem há galhos de pessegueiros em flor, um dos quais coberto de neve.

Mesmo na China, onde os trípticos com figuras do panteão budista, desde as épocas mais remotas, fazem parte dos padrões estandardizados da pintura religiosa, essas combinações temáticas não são tão facilmente comprováveis; contudo, elas são possíveis, sobretudo na tolerante atmosfera determinada pelas múltiplas inspirações dos literatos e monges ch'an da época Sung. Contudo, no Japão, as composições secundárias deixam em aberto as conclusões a respeito de como o perito em arte e o homem de fé dos séculos XIV e XV compreendiam essas obras. Eles viam as figuras sagradas budistas como dignas de veneração, em íntima interligação e em harmonia interior com a natureza, com a paisagem, com os animais e as plantas, pois todos são parte do sentido da manifestação zen da essência búdica. Por isso, o 53º abade de Daikuji, Toyo Eicho (1428-1504), escreveu num verso dedicado a um isolado quadro sobre o tema *Shussan Shaka*:

"Os pessegueiros em flor diante dos portais da aldeia,
também chegavam ao fim do Caminho."

Encontramos provas semelhantes no *Shobo-genzo*, nos fundamentais e abrangentes 95 volumes de documentos zen da "Câmara de Tesouros dos Olhos do Verdadeiro Dharma", composto durante as duas últimas décadas da vida de Kigen Dogen (1200-1253), fundador da escola Soto, no Japão, e um dos primeiros mestres japoneses do Zen, que contribuiu decisivamente para essa arte. O 53º volume dessa obra monumental tem como título *Baika-maki*, literalmente: "Galhos de um Pessegueiro em Flor". Nessa obra, o autor narra uma parábola a respeito de um antigo pessegueiro, que ele deve a Ch'ang-weng Ju-ching (1163-1228), seu mestre chinês, ardentemente venerado, assim como o citado verso sobre o pessegueiro em flor. Finalizando-a, ele interpreta detalhadamente o significado do pessegueiro em flor como uma metáfora do mais elevado grau da iluminação *(mujo-shogaku)* do Shakyamuni. Vários versos e títulos de quadros apontados pelo monge zen Banri Shukyu (falecido em 1502), em sua antologia inti-

Referente à ilustração da pág. 38: *"Galhos de Pessegueiro em Flor", dístico de Hakuun Egyo (1223-1297). Rikkyokuan, Tofukuji, Kyoto. Imagens laterais de um tríptico retratando* Shussan Shaka, *ao centro.*

Referente à ilustração da pág. 39: *"Shakyamuni Partindo da Montanha"* (Shussan Shaka). *Dístico de autoria de Hakuun Egyo, Rikkyoku-an. Quadro central de um tríptico, ladeado de galhos de pessegueiro em flor.*

37

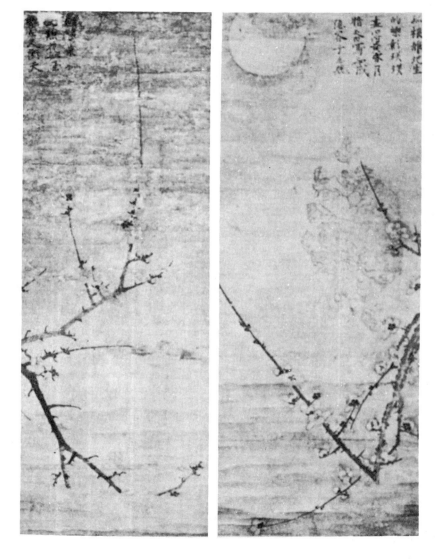

tulada *Baika-mujinzo:* "A provisão inesgotável dos Pessegueiros em Flor", estão cheios de metáforas desse tipo.

A ligação simbólica dessa planta com a pureza do espírito sonoro e iluminado fez com que o pessegueiro em flor se tornasse parte firmemente integrante da literatura e da pintura cultivada pelos monges zen. O pessegueiro em flor, junto com o bambu e o pinheiro, já eram apreciados, desde as épocas Sung e Yuang, como um dos "Três amigos invernais" *(sui-han san-yu).*

Em meados do século XIV, um erudito chinês anotava sobre esse tema: "O nobre estima o pinheiro pela sua simplicidade, respeita o bambu pela sua retidão e o pessegueiro em flor pela sua pureza." Desse modo, a imagem de um mar branco de pessegueiros em flor ligou-se ao pensamento da pureza intocada da neve no inverno e, num sentido mais amplo, à ininterrupta sobrevivência durante a estação mais dura. Shakyamuni se enrijeceu durante os seis anos que passou no gelo e na neve, na solidão das montanhas, antes de voltar-se novamente para o mundo, a fim de proclamar o seu ensinamento. Nesse sentido, tanto as imagens dos pessegueiros em flor do Rikkyoku-an como as duas paisagens invernais de Liang K'ai — portanto, à primeira vista, temas meramente mundanos — são apropriados ao contexto religioso do *Shussan Shaka.* Não devemos nos esquecer de que, na China, conceitos como "gelo" e "frio" são metáforas referentes à quietude, hábitos lingüísticos adotados pelos budistas na última etapa do Taoísmo.

Aqui, os princípios estético-artísticos correspondem a pontos de vista religiosos fundamentais, numa sintonia harmônica. Há uma simbiose da temática mundana e da temática sacra e, de fato, em última análise, as suas fronteiras se anulam completamente na compreensão do Zen. Para expor com clareza o sentido da não-diferenciação entre o corriqueiro e o sagrado, alguns artistas japoneses, aninhados no Zen-budismo, produziram uma série de trípticos a partir dos meados do século XIV. Esses trípticos foram destinados, desde o início, a anular qualquer diferenciação. Comprovou-se que a mais antiga destas obras, preservada até hoje, foi elaborada entre 1361 e 1375 pelo monge e pintor zen Ue Gukei. Trata-se de um quadro, com a imagem de *Byakue Kannon,* que irradia uma espontaneidade inculta e uma singeleza imbuída de fé. Suas laterais denotam a mesma naturalidade: são duas paisagens a nanquim, com pescadores e lenhadores. Algumas cópias, elaboradas pela escola Kano, indicam que até a obra do mesmo pintor, intitulada "Paisagem de Chuva", que se encontra no Museu Nacional de Tóquio, em sua origem fazia parte de uma composição cujo tema central era uma imagem de *Byakue Kannon* que se perdeu.

40

Cerca de um século mais tarde, por volta da metade do século XV, o monge zen Chuan Shinko do Seirai-an do Kenchoji, em Kamakura, pintou três rolos de seda a nanquim, unidos num tríptico que atualmente faz parte da coleção Sanso, uma coletânea particular americana. A pintura central retrata o Bodhisattva Kannon de frente, vestido de branco, sobre uma rocha salpicada pelas ondas. Ao fundo, espraia-se um mar ondulado, formando um perfeito motivo decorativo e, ao mesmo tempo, surpreendentemente quimérico, que se perde finalmente lá longe, à distância. Esse fundo, junto com duas auréolas transparentes que envolvem a cabeça e o corpo, confere à figura profundamente contemplativa do Bodhisattva uma "amplidão" rara, como se ele estivesse distante do mundo. Essa impressão é ainda enfatizada pela estrutura apertada e compacta da paisagem, que bloqueia o olhar do observador. No rolo pendente à esquerda, vemos Li Po (701-762), poeta muito admirado da época T'ang, sentado diante de uma cascata. E, à direita, o não menos famoso poeta T'ao Yung-ming (365-427), de pé, ao lado de um riacho da montanha. Ambos se voltam na direção da imagem estranhamente irreal e, no entanto, tão próximo do Bodhisattva, como se lhe prestassem homenagem; porém, de forma alguma estarrecidos em veneração. Parecem dirigir o olhar ao rosto do Bodhisattva. A unidade estilística dos três rolos, assim como a independência das composições entre si, fazem-nos deduzir que Chuan Shunko, desde o princípio, concebeu essa obra extraordinária como um tríptico.

Mas o que estaria por traz dessa idéia fundamental do talentoso monge-pintor zen? A esse respeito, só podemos fazer suposições vagas. Contemplando o tríptico de modo totalmente imparcial, poder-se-ia achar que *Byakue Kannon* foi idealizado como uma espécie de visão que os dois grandes poetas chineses tiveram. Durante a era T'ai-ho (827-836), por exemplo, o Bodhisattva apareceu de modo milagroso ao imperador Wen-tsung, da dinastia T'ang, durante uma refeição, surgindo de uma ostra. O monge ch'an Wei-cheng, do T'ai-i-shan, foi chamado para explicar esse fenômeno fantástico. Esse episódio, assim como outros similares transmitidos na literatura do Ch'an e ao mesmo tempo retratados na sua pintura, eram sem dúvida conhecidos das comunidades monásticas literárias do Japão, isto é, nos grandes mosteiros zen de Kamakura, onde também tinham a maior admiração e respeito por T'ao Yuan-ming e Li Po.

É como se, através de seu tríptico, o monge-pintor Chuan Shinko, da Idade Média, quisesse aproximar historicamente os dois heróis da cultura do passado ao Bodhisattva Kannon perseverante, que já não está mais oculto nem inacessível no Zen. Ele coloca o Bodhisattva "lado a lado" com as personalidades históricas, talvez para tornar patente a não-diferenciação entre o sagrado e o profano, entre o além e o aquém, entre o nirvana e o samsara. Ainda que tudo isso, evidentemente, só possa ser considerado de modo especulativo — pois faltam comprovantes ou afirmações mais concretas dos próprios monges-pintores —, no caso dos trípticos desse tipo, as três imagens são significativas como uma única unidade fechada no espírito zen.

À luz dessa experiência da unidade dos fenômenos e do absoluto, tão essencial para o Zen, não é difícil compreender o conteúdo religioso das obras de arte zen junto à temática de indubitável aparência mundana. O olho aberto do "verdadeiro Dharma" do Zen-budismo reconhece cada criatura e cada coisa — seja ela ainda tão insignificante e "profana" — como idêntica ao absoluto, única em si e, ainda assim, como manifestação da essência búdica, abrangendo o universo inteiro. Como cada coisa *é* essa verdade última, não é mais preciso formas "simbólicas" especiais para representá-la, como ocorre na arte sacra budista ortodoxa. O quadro de uma paisagem, de uma planta insignificante ou de uma fruta, de um galho de pessegueiro florido, de um macaco ou de um búfalo, de um grou ou de um pardal, manifesta um testemunho de primeiro plano no além. E o seu conteúdo estético e artístico revela "toda a verdade" do Zen, sintetizada numa forma curta no *Hannya Haramita Shingyo*, a "Peça Central do Grande Sutra da Sabedoria": "A forma nada mais é que o vazio; o vazio nada mais é que a forma."

Como a própria experiência, na verdade, a expressão da obra de arte zen foge a qualquer descrição ou interpretação de cunho prático. Uma obra de arte zen *é* — não *significa* coisa alguma! Ao lado dessas obras de arte zen de maior pureza, existem sem dúvida outras que, de algum modo, admitem uma interpretação — mesmo quando uma interpretação convincente não seja nada fácil. De modo que só podemos decifrar, pelo menos parcialmente, a verdadeira interpretação iconográfica desses quadros zen, e a visão do mundo e do artista zen que nela se manifesta em soberana liberdade, através de sua mais intrínseca e remota experiência, através de sua própria tomada de posição por escrito, ou de algum outro modo, com a mesma orientação. Não obstante, mesmo assim é presumível que não a alcancemos totalmente. Alguns poucos exemplos o sugerem. A respeito de um quadro de uma garça, elaborado no começo do século XIV pelo monge-pintor japonês Mokuan, quando este trabalhava no continente, o mestre ch'an Ch'u-shih Fan-ch'i (1297-1371) escreveu as seguintes linhas: *"Sui-ch'ing yu-chien"* — "Clareando-se a água, vêem-se os peixes", — palavras que evidenciam mais do que o mero fato banal.

Para o neófito zen, cujo espírito está purificado da turvação do pensamento e do sentimento, talvez o pássaro sentado numa árvore na planície, atento e tenso — com os olhos fixos na presa, pronto para atacar no próximo segundo — signifique ter diante de si o propósito imediato da iluminação. A maneira súbita e primitiva com que aquela garça apanhará o peixe entre as águas límpidas impele o homem tocado pelo Zen à clareza derradeira. Os monges zen, ou aqueles pintores da época Muromachi que lhes eram próximos, inúmeras vezes apresentaram os pássaros denominados *Go-isagi*, em japonês, com essa intenção paradigmática.

Uma declaração semelhante foi escrita pelo monge zen Taikyo Genzu (1320-1374) num rolo pintado, uma representação despretensiosa de uma lavandisca sobre uma roca:

"A árvore seca já não tem folhas em seus galhos.
A lavandisca picoteia em volta do musgo infrutífero.
O interior da pedra contém uma base de jade.
Quando ela conseguirá abrir um caminho na pedra, até alcançá-lo?"

Sem dúvida, temos aqui a comparação da lavandisca à procura de alimento num meio hostil, com um monge zen em busca da Verdade que parece repousar nas profundezas e é tão valiosa quanto o jade. A idéia da revelação do mais profundo conhecimento religioso, em todas as manifestações da natureza, também aparece na inscrição de um retrato de Daido Ichii (1292-1370) ao ar livre, atribuído a Kichizan Mincho (1352-1431). Retrata o 28º abade de Tofukuji sobre um platô rochoso, sentado debaixo de um pinheiro, acompanhado de um veado e de um cisne. Shokei Reiken (1315-1396), um sucessor da figura retratada sobre a poltrona de abade do grande mosteiro zen de Kyoto, escreveu em 1394 as seguintes linhas a este respeito:

"O platô rochoso, composto de grandes e pequenas pedras,
é o 'Assento de diamante'.[19]
Entre o céu e a terra, um único corpo.
O mundo da causalidade e das emoções
não governa o veado e o cisne iluminados,
que convivem em paz."

Aqui, o mestre zen indica insistentemente aquela frase fundamental do credo budista, ao afirmar que a essência búdica repousa no interior de todas as coisas do mundo da experiência, até nas mais insignificantes, e que até as pedras e os bichos não diferem do único Absoluto, do vazio.

Iconografia Zen, Temas e Gêneros de Seus Quadros

Os criadores das obras de arte zen-budistas interpretam com freqüência figuras e fenômenos bem concretos dessa visão geral religiosa-metafísica, partindo da coisa e do ser em que o verdadeiro, o intrínseco, é tão transparente que sua aprendizagem pode ser experimentada. Eles colocam a matéria de seus quadros em relação direta com o próprio iluminado, com os seus discípulos, com o caminho ou com a própria experiência da iluminação. A visão de mundo zen e sua concepção de arte têm conseqüências: por um lado, conduzem à eliminação de grande parte das figuras sagradas budistas ortodoxas do panteão. Mahayana tradicional. Por outro lado, as mais antigas figuras adotadas desse panteão — como o Buda histórico Shakyamuni ou o Bodhisattva Avalokiteshvara — receberam outra interpretação de seu conteúdo, no sentido do relativo a este mundo despido de mitologias e de uma proximidade humana pessoal e exemplar.

Em sua configuração artística, deu-se uma transformação, de uma espiritualidade e santidade ocultas além da realidade com um equipamento simbólico e de culto dispendioso — para uma vitalidade terreno-empírica de uma simplicidade confiante e de fácil acesso. Essa transformação, assim como a introdução de novos temas e gêneros pictóricos, conferiram à pintura zen uma iconografia bem-específica, claramente distinta da arte tradicional. Essa iconografia ressalta motivos de conteúdo aparentemente díspares, interligados de modo formal, o que já constatamos na composição típica dos trípticos zen.

Como conseqüência dessas mudanças de tônica e de renovações decisivas, constata-se uma revalorização dos temas pictóricos em geral. A pintura clássica budista era quase que exclusivamente dominada por representações de figuras complexas e representadas em detalhe. Ao passo que, na arte zen, além dos quadros em que predominam as imagens, existem ainda outros temas, principalmente paisagens.

A natureza desempenha um papel predominante na pintura zen-budista. Quando as figuras humanas não se liberam no mais elevado recolhimento ante o fundo vazio, ou melhor, inseridas *no* vazio, aparecem em íntima harmonia com a natureza, como que nela integradas, imbuídas de compreensão e de amor, sem jamais dominá-la. "A natureza já não é mais apenas um pano de fundo, um bastidor ou um acessório simbólico, mas um elemento essencial do quadro, e participa com igual ou talvez com maior força até do que a própria figura sagrada, do significado da verdadeira realidade."[20]

Muito já se disse sobre a essência, o sentido e o conteúdo de algumas pinturas típicas zen. Nas imagens que representam os mais importantes temas e gêneros pictóricos zen que faremos a seguir, também serão mencionadas outras questões especificamente iconográficas. Seguiremos o esquema normal encontrado nas "Obras Completas" (*yu-lu*, em chinês, *goroku*, em japonês) dos mestres zen, em suas anotações nas inscrições dos quadros. Pois nelas há uma nítida valorização iconográfica adjacente à seqüência dos temas pictóricos. Como exemplo típico e sendo também uma das primeiras fontes dessa ordem iconográfica, mencionaremos a lista de quadros que o mestre do Ch'an Fo-yen Ch'ing-yuan (1067-1120) ilustrou com seus versos. Ela começa com o "Retorno de Shakyamuni das Montanhas"; a seguir, aparece o Avalokiteshvara com os seus Arhats e Pu-tai; depois, no quadro intitulado "Os Três Religiosos da Montanha Tient-t'ai" (Han-shan, Shih-te e Feng-kan), o "Grande Mestre Bodhidharma" e outros patriarcas históricos. Nesses versos, catalogados como "Anotações para os Quadros dos Antepassados Budistas", ou *Chen-T'san* — "Anotações Verdadeiras" —, geralmente se incluem dedicatórias manuscritas aos retratos dos referidos mestres zen, os chamados *Tzu-tsan* (*jisan*, em japonês).

No capítulo final das "Obras Completas", encontramos, entre outras coisas, os "Versos de Admiração e de Ensinamentos" — *Chi-sung* (*geju*, em japonês, e *gatha*, em sânscrito), uma categoria múltipla na qual também estão inseridos quadros com legendas de temática aparentemente secular. Entre eles, há quadros retratando parábolas, como por exemplo a "Série dos Dez Búfalos", imagens de bambus, de orquídeas ou ameixeiras, de macacos ou paisagens.

"O Buda Histórico Shakyamuni com uma Flor na Mão."
Fragmento de uma obra de Kichiazan Mincho (1352-1431), datada de 1426, Rokuoin, Tofuku-ji, Kyoto.
Figura central de um ciclo de sete rolos com imagens de patriarcas.

Por causa da literatura hagiográfica zen, o grupo denominado *Fo-tzu* permite ainda outro desmembramento: os *Tsu-shih-t'u* (*soshi-zu*, em japonês) — "Quadros dos Patriarcas" (história do Ch'an) e *San-sheng-t'u* (*sansei-zu*, em japonês) — "Quadros dos Religiosos Isolados". Essa última categoria alcançou justamente uma grande popularidade na pintura zen. Essa popularidade não se deve, em primeiro lugar, ao fato de os seus mais proeminentes representantes serem considerados como Avatares, "rastros deixados aqui embaixo" pelos principais budas e bodhisattvas. Para citar apenas os mais importantes: Feng-kan (Bukan, em japonês) como a encarnação de Amithaba; Pu-tai (Hotei, em japonês) como a encarnação de Maitreya; Han-shan (Kanzan, em japonês) como a encarnação de Manjushri, e Shih-te (Jittoku, em japonês) como encarnação de Samamtabhadra. Sua popularidade provém muito mais do fato de estes "religiosos sem compromissos", em parte legendários, não passíveis de serem enquadrados de uma maneira precisa no sistema da escola genealógica zen, serem personagens-modelo para os adeptos do Zen, devido à desinibida liberdade de seus espíritos, pelas suas vidas e comportamentos não-convencionais, assim como devido à excentricidade de afirmações.

O Buda Histórico Shakyamuni

Entretanto, o mais elevado modelo zen-budista continua sendo, entre todos, o Buda histórico Shakyamuni. Nas "Árvores Genealógicas das Escolas Zen" *(Tsung-p'ai-t'u)*, este é pintado ao receber o brilho da iluminação irradiado pelo Tathagatha numa auréola, em meditação sobre um lótus, de frente, com uma flor na mão direita e com as marcas de sua realização espiritual: a *Urna*, na testa, e o *Ushnisha*, na pele. Contudo, nesses quadros zen ele não aparece como uma idealização metafísica, como soberano regente à parte de toda concretização espaço-temporal, e sim como membro inicial de uma longa corrente de patriarcas zen-budistas. Ao erguer a flor, ele dá uma indicação inequívoca da ocorrência primordial do Zen. Por isso, apesar da imagem hierática frontal de Shakyamuni, essas representações têm componentes narrativos e ilustrativos, e não encerram o caráter de uma imagem de culto, fixa e formal.

Uma árvore genealógica chinesa da primeira metade do século XIII foi preservada em Tofukuji, perto de Kyoto. É provável que tenha sido oferecida ao fundador do grande templo zen Enni Ben'en (Shoichi Kokushi, 1202-1280) durante a sua estadia de seis anos de estudos no continente, pelo seu venerado mestre Wu-chun Shih-fan (1177-1249), pois com esse mestre e seu ilustre discípulo termina a seqüência dos patriarcas ch'an cujos nomes estão interligados entre si através de linhas sutis, porém retas. Em última análise, há um elo ininterrupto que, em suma, interliga numericamente os primeiros antepassados chineses aos indianos, remontando até Shakyamuni. Só este aparece "em efígie", pura e simplesmente como o ponto de partida de todo o sistema genealógico, origem do Zen.

O monge-pintor japonês Kichizan Mincho (1352-1431) retratou-o de modo semelhante, como figura central de seus rolos transversais, abrangendo o ciclo de retratos pintados em 1426 em Rokuo-in, Kyoto. O abade zen Genchu Shugaku (1359-1428) redigiu algumas breves notas biográficas a respeito, para ilustrar esses trinta retratos de meio corpo. Cada rolo pendente contém cinco mestres zen, pintados em três quartos de perfil, em círculo, um ao lado do outro. A corrente que parte de Shakyamuni termina com o abade Muso Soseki (1275-1351) e com Shun'oku Myoha (1311-1388).

O papel desempenhado por Shakyamuni como fundador religioso sobre a terra é mais ressaltado ainda em outros dois temas pictóricos zen: no decorrer de seus treinamentos rígidos e ascéticos, ao anelar pela iluminação (*Kugyo Shaka*, em japonês), e no seu retorno das montanhas (*Shussan Shaka*, em japonês), após haver-se submetido à máxima ascese durante seis anos, completamente afastado do mundo, até perceber que essas mortificações extremas não podiam aproximá-lo de sua meta de iluminação. São justamente essas feições tão humanas do Buda histórico que se tornaram o segundo tema preferido nos círculos zen e os que com maior freqüência eram representados na sua pintura. A pergunta — com qual dos dois nos defrontaremos no *Shussan Shaka*, com a representação do Buda alcançando a iluminação diante da radiante estrela da manhã, ou com o asceta enfraquecido pela fome e pelo frio — só pode ser respondida, em cada caso particular, fundamentando-se nas inúmeras anotações pictóricas que nos foram legadas.

Cada monge zen que se detivesse no tema do retorno de Shakyamuni das montanhas, e que se dispusesse a escrever versos para ilustrar um quadro com essa temática, deveria questionar mais uma vez a sua compreensão da iluminação do Buda e seus próprios progressos no difícil caminho da purificação espiritual. No sentido do zen, cada afirmação unilateral significa, em última análise, um passo para trás no envolvimento do pensamento lógico-discursivo. O Zen-budismo desconhece um "isso-ou-aquilo", e só sabe um "assim-como-também". Essa postura totalmente aberta diante do tema de *Shussan Shaka*, que desde o início de sua formulação fala de "Shakyamuni, que surgiu das montanhas" e não do "Retorno do Iluminado", reflete-se nos versos de extrema sutileza do mestre do ch'an chinês, I-shan I-ning (1247-1317), a respeito de um quadro que infelizmente foi perdido. Diz ele a respeito desse tema:

"É fácil conduzir o próprio ser para fora do portal.
Difícil é atravessar o portal do interior do próprio ser.
Nesses seis anos, Shakyamuni não rompeu nem reuniu coisa alguma.
Assim como a 'Ursa Maior', ele volta o seu rosto para o Sul."

Estes versos constam das "Obras Completas" de I-shan I-ning, que nos últimos dezoito anos de vida ocupou-se da divulgação do Zen do Japão, onde tornou-se um dos professores mais influentes. Ele era considerado como o verdadeiro representante intelectual do clero ch'an chinês. As idéias filosóficas de Confúcio lhe eram tão familiares quanto as tradições da escrita histórica chinesa e os diferentes gêneros de literatura. Os japoneses devem-lhe a introdução das formas poéticas básicas, as técnicas e as metas estilísticas tão apreciadas durante a dinastia Sung. Ao final, ele tornou-se um dos fundadores responsáveis por aquele movimento literário de repercussões tão duradouras, que entrou para a história como *Gozan bungaku*, "Literatura das Cinco Montanhas" — referência aos cinco grandes mosteiros zen.

O relato do retorno de Shakyamuni das montanhas não se encontra em nenhum dos cânones mais antigos das escrituras do Mahayana, que tão detalhadamente narram a vida e a obra do Buda histórico. Como conseqüência dessa exclusão, esse episódio não foi incluído nas imagens dos relatos biográficos da arte clássica budista do período T'ang, e anterior ao T'ang, assim como foram descobertas nas grotas dos templos. Nem foi retratado nos afrescos dos grandes mosteiros da China, irremediavelmente destruídos nas devastações ocorridas durante a trágica perseguição aos budistas nos anos 844-845, como também não consta das representações tradicionais dos ciclos de quadros retratando as "Oito Principais Ocorrências" da vida de Buda (*Shih-chia pa-hsiang*, em chinês, e *Shaka hasso*, em japonês). Este fato permite fazer conjeturas de que a idéia do Shakyamuni surgindo das montanhas nasceu dos círculos ch'an posteriores à época T'ang e aos artistas a eles associados, que se esforçavam por um ressurgimento do Budismo. Durante o século X, isso evoluiria de forma impressionante, numa concepção histórica que provou ser bastante eficaz.

Na primeira metade do século XIII, a indiscutível obra-prima, que ao mesmo tempo é uma das mais antigas interpretações desse tema, foi elaborada pelas mãos do famoso pintor acadêmico Liang K'ai. Pelo seu conteú-

50

do espiritual e pela sua forma artística, Dietrich Seckel considera-o como "um dos quadros mais importantes do homem religioso jamais criado pela arte mundial". O quadro retrata o Buda histórico ao deter-se diante de um desfiladeiro delimitado por paredes rochosas, hesitante, ao sair de sua solidão na montanha, em seu caminho de volta ao mundo. O recolhimento interior e uma profunda seriedade permeiam a figura frágil e tão sofrida do asceta, parado descalço sobre a trilha coberta de neve. As mãos se erguem diante do peito nu e permanecem escondidas embaixo das suas vestes. A cabeça inclina-se levemente para a frente. Uma boca larga, fechada com firmeza, olhos amendoados voltados para cima, com sobrancelhas longas, e um nariz notavelmente comprido caracterizam Shakyamuni como um indiano. Os cabelos e a barba desgrenhados indicam os longos anos de isolamento, e o aro fino sobre o braço direito lembra sua origem nobre. A protuberância na parte central e superior do crânio, assim como as orelhas desmesuradamente grandes, são as marcas corporais sagradas mais importantes de um Buda.

Mesmo assim, Liang K'ai, como quase todos os pintores chineses e ao contrário de seus colegas japoneses, desistiu de envolver a cabeça do fundador religioso numa auréola. O olhar de Shakyamuni não está fixo num ponto determinado; parece dirigir-se a seu próprio interior, num elevado recolhimento. Um vento leve sopra de trás, levantando a bainha de seu manto e formando pregas encrespadas, cujas pontas, esvoaçando para a frente, como se um sopro sagrado estivesse a empurrar o hesitante portador da salvação, animando-o num impulso para o difícil passo de retorno ao mundo. O vermelho diluído e cálido de suas roupas, que o pintor usou também no arco do braço, é o único colorido do quadro, elaborado a nanquim sobre seda. A complicada construção do quadro em diagonal está claramente direcionada para a direita, pelo giro da figura num perfil de três quartos, com o manto esvoaçante surgindo de uma profundidade indeterminada, encaminhando-o como se estivesse descendo. Entretanto, entre a composição entrecruzada das linhas em diagonal, a figura do Buda constitui o pólo de repouso e de concentração; essa impressão é mais enfatizada ainda por ser a única verticalidade acentuada no quadro. Paralela à silhueta da pedra em primeiro plano, que vai desembocar no canto direito inferior, a linha limítrofe por trás do caminho nevado percorre a montanha íngreme, estranhamente impalpável. É entrecortado por uma parede rochosa inclinada para a direita, numa diagonal exata, quase da mesma altura do quadro. E encontra-se precisamente no ângulo direito, em relação às duas outras principais composições já mencionadas, seguindo a mesma linha da parte superior da árvore desfolhada, que parece um fantasmagórico esqueleto. Só o velho tronco ressecado, com suas raízes a se propagarem, saindo do canto esquerdo do quadro, rompe esse esquema assimétrico, sutilmente concebido, das paralelas opostas entre si no ângulo direito.

Além da magistral composição escalonada dos elementos isolados do quadro, a nítida diferenciação do tratamento formal que esses recebem é que contribui sobremaneira para sugerir um espaço de profundidade inteiramente impalpável em suas dimensões. Lavas úmidas acrescentadas superficialmente, num cinza leve e diluído, mergulham a parte superior do penhasco num nevoeiro indefinido, em que se destacam claramente os galhos e os ramos desfolhados. Combinações de traços curtos, trabalhados por pincéis pontiagudos a nanquim de um negro profundo, em forma de T e em cruz, não dispensam certa qualidade próxima do abstrato. Portanto, a articulação precisa da linguagem da forma vai diminuindo de frente para trás; a partir de valores lineares gráficos, ela conduz a valores pictóricos planos, e estes finalmente se dissolvem no fundo vazio.

Este quadro de Liang K'ai deve ter sido levado para o Japão logo após o seu término, o mais tardar no século XIV, provavelmente por um dos inúmeros monges peregrinos chineses ou japoneses. Pois essa obra está ligada a duas paisagens, e se identifica com a pintura num rolo pendente *Shussan Shaka*, incluída no catálogo da coleção do xogunato Ashikaga. Hoje a obra faz parte da Coleção Hinohara, de Tóquio. Seu efeito foi extremamente estimulante no Japão, promovendo uma sucessão enriquecedora. Comprovou-se que o monge e pintor zen Ue Gukei fez uma versão desse mesmo tema entre 1361 e 1375. Conhecendo o quadro original Sung importado, sua obra certamente deve ter sido muito admirada nos círculos dos iniciados.

Em contraste com essa tradição cunhada por Liang K'ai — que interpretou literalmente o tema de Shakyamuni voltando das montanhas, inserindo a figura do Buda numa paisagem montanhosa pintada com bastante minúcia —, os pintores que trabalhavam a técnica monocromática do nanquim concentraram-se totalmente na representação da figura. Ora abdicavam por completo da paisagem, ora restringiam-se a uma alusão bem-sintética, de poucos elementos. Nas figuras das obras desse tipo, há o predomínio de uma espécie de linha conscientemente despretensiosa, espontânea, adequada à técnica do nanquim, que contrasta nitidamente com a

"Retorno de Shakyamuni das Montanhas" (Shussan Shaka). *Obra de Liang K'ai (primeira metade do século XIII). Coleção Hinohara, Tóquio.*

outra tendência estilística academicamente polida de desenho linear conservador ou arcaico.

O mais antigo dos quadros chineses de temática *Shussan Shaka* de que se tem conhecimento, elaborado puramente a nanquim, foi comprado em 1970 pelo Cleveland Art Museum. Possui uma inscrição redigida pelo importante mestre do Ch'an Chi'h-chueh Tao-ch'ung (1170-1251), cuja tradução aproximada diz o seguinte:

"Ele havia buscado refúgio nas montanhas,
onde definhou e emagreceu ao extremo
no meio do gelo e do frio dos cumes nevados.
Seus olhos gelados descobriram uma estrela.
Por que voltou a aparecer no meio dos homens?"

Essa inscrição foi composta por Tao-ch'ung de T'aipo-hou-shan, no segundo dia do oitavo mês do ano Chia-ch'en da era Ch'un-yu (1244).

Em sua concepção geral singela, o quadro se assemelha à mais antiga versão japonesa do *Shussan Shaka,* preservada no Seattle Art Museum, cuja composição provavelmente foi baseada numa obra Sung do início do século XIII em Kozangi, perto de Kyoto. O desenho, jogado de modo fugaz com um pincel relativamente seco, de um negro profundo elaborado a nanquim, está impresso com dois selos do famoso mosteiro Kegon. Este tornou-se um dos centros religiosos e artísticos mais influentes do Japão medieval, sob a direção do grande reformador Myoe Shonin (1173-1232). Ali eram copiados muitos quadros artísticos chineses, pinturas budistas, ilustrações de livros, esboços iconográficos e gravuras em pedras, para o enriquecimento e a difusão da iconografia budista em todo o país. E isso ocorria evidentemente sem o cuidado de observar uma suposta religiosidade pictórica. Myoe Shonin era um abade tolerante, culto e versátil em seus interesses. O abade de Kozangi conheceu muito de perto o mundo de pensamentos e de práticas do Zen-budismo por intermédio de sua amizade com Myon Eisai (1141-1215), educado na China e divulgador da Escola Rinzai no Japão, como também fundador do primeiro mosteiro zen. Não é de surpreender, então, que tenha surgido neste mosteiro uma série de quadros de cunho tipicamente zen-budista, entre os quais o já mencionado desenho a nanquim atualmente em Seattle, de temática *Shussan Shaka,* e várias representações estilísticas que lhe são muito próximas, do Bodhisattva Avalokiteshvara. Destas nos ocuparemos a seguir.

Os Bodhisattvas

No mundo zen, Avalokiteshvara é, sem dúvida, o mais popular de todos os Bodhisattvas. O "Senhor cujo olhar se dirige para baixo" (sobre os sofrimentos do mundo), tradução literal de seu nome (*Kuan(shih)yin*, em chinês, *Kannon* (ou *Kanzeon*), em japonês), vem ao nosso encontro na arte zen, sem a apresentação complexa, sacra e santificada da superioridade supraterrestre. Ele vai ao encontro do aspirante à iluminação mais como alguém que presta ajuda singela e compassiva, pisando sobre a realidade terrena. Para os chineses, ele pisa sobre o seu próprio solo natal, pois desde épocas remotas desenvolveu-se um conceito de que a montanha Potalaka é designada para residência do Bodhisattva. A montanha Potalaka (*Hua-yen-ching*, em chinês, *Kegon-kyo*, em japonês) é mencionada no *Avatamsaka-Sutra*, e está situada numa pequena ilha em frente à costa de Ning-p'o, na atual província de Chekiang (P'u-t'o-lo-chia, em chinês, Fudaraka, em japonês).

No contexto zen-budista, encontramos então Kuanyin, freqüentemente sentado em atitude descontraída sobre uma rocha onde batem as ondas, ou numa gruta, num bosque de bambu, ou ainda perto de uma cachoeira. É bem mais raro encontrá-lo boiando sobre as ondas numa folha de lótus.

Apesar de a pintura zen não abrir mão por completo da imagem frontal para as figuras religiosas, o que seria a representação de sua elevada escala existencial, tão a gosto da pintura de culto ortodoxo, o Bodhisattva aparece preferentemente nessa postura de três quartos, decididamente informal. Por vezes, ele é retratado até de forma descuidada, apoiado numa rocha, ou mesmo refrescando os pés nas águas que descem de um riacho das montanhas. Por exemplo, um dos trinta e três maravilhosos rolos pendentes com a figura do Kuanyin da época Muromachi do século XV, que se encontra no Kenchoji próximo a Kamakura, retrata o Bodhisattva banhando os pés nas águas de um riacho nas montanhas.

Nesses ciclos pictóricos tão abrangentes, dá-se justamente a oportunidade de renovações iconográficas insólitas e de detalhes decorativos cheios de fantasia, sobretudo porque o tipo do Avalokiteshvara de Potalaka se revelou como o princípio fundamental ilustrativo do conto. Nessas representações do Kuanyin, a natureza torna-se parte essencial do quadro; ela é iluminada de um modo místico através da presença do Bodhisattva e também graças ao círculo transparente do halo que envolve a sua cabeça. O pintor Chou Fang — que trabalhou por volta de 780-810 — da dinastia T'ang, já teria representado Kuanyin integrado numa paisagem.

A forma mais freqüente de representação do Avalokiteshvara no mundo pictórico zen é a do Pandaravasini, vestido com uma simples túnica branca. É conhecido na China como *Pai-i Kuanyin*, e no Japão como *Byakue-Kannon*. Não está bem claro quando este protótipo surgiu pela primeira vez. Segundo a informação de *Hsuan-ho hua-p'u* (capítulos 2 e 3), em seu prefácio datado de 1120, intitulado "Catálogo da coleção de quadros imperiais da era Hsuan-ho, 1119 até 1125", três representações do Bodhisattva vestido de branco, dessa primeira fase, pertenciam ao imperador Hui-tsung (1082-1135), grande conhecedor de arte, ele próprio pintor muito talentoso, da dinastia Sung. Duas dessas imagens, de autoria de Tu Tzu-huai e de Ts'ao Chung-yuan, foram elaboradas na primeira metade do século X, e a terceira, do século VIII, foi pintada por Hsin Ch'eng, cujas origens são desconhecidas. Esse artista emigrou supostamente para a região sudoeste da China denominada Shu (Ssu-ch'uan), onde tornou-se famoso como especialista em figuras com temática budista.

Em seu catálogo de pintores famosos de Ssu-ch'uan, terminado em 1106 e intitulado *I-chou ming-hua lu* (capítulo 1), Huang Hsiu-fu conta que Hsin Ch'eng foi incumbido da tarefa de executar afrescos para um dos grandes templos budistas, o Ta-sheng-tz'u-ssu, em Ch'eng-tu. O pintor e literato Li-kung-lin (1049-1106), muito influente na dinastia Sung, ocupou-se intensamente do tema do Kuanyin vestido de branco, muito embora nenhum original elaborado por suas mãos tivesse sido preservado. Pelo menos uma de suas interpretações foi transmitida através de uma gravura em pedra, datada de 1132.

Durante a segunda metade do século XII, *Pai-i Kuannyin* trabalhou de preferência com uma técnica de nanquim monocromado que parece ter sido muito difundida, até mesmo nos círculos de pintores retratistas conservadores budistas. Um quadro que originalmente faz parte de uma série muito ampla de cem rolos pendentes com "500 Arhats", criado pelos pintores Chou Chi-ch'ang e Lin T'ing-kuei — desconhecidos, a não ser por essa única obra — entre 1178 e 1188 para o mosteiro Hui-an yuan, situado a sudoeste de Ning-p'o. Esta obra retrata as cinco Arhats reverenciando uma imagem do Kuanyin vestido de branco, em nanquim. O Bodhisattva está sentado sobre um platô rochoso num penhasco sobressalente. Às suas costas, uma cachoeira se precipita nas profundezas. Está de lado, inclinado levemente numa rocha, a mão direita apoiando o queixo. De modo geral, este quadro a nanquim em branco e preto tem o efeito de um corpo estra-

"Kuanyin em Túnica Branca" (Pai-i Kuanyin), *da época Yuan, fim do século XIII. Engakuji, Kamakura.*

nho e "exótico", de um colorido suntuoso. Parece que os Arhats ortodoxos também o sentem assim, pois observam a obra tipicamente zen em sua concepção básica, com um ar de surpresa, como se estivessem se divertindo.

Os mais antigos quadros do *Byakue-Kannon* que foram preservados são do século XIII. Devemos o mais significativo dentre eles a Mu-ch'i, um monge ch'an. Está assinado à esquerda pelo artista, cunhado com o seu selo. Essa imagem do Kuanyin é a peça central daquele tríptico já mencionado, ladeado por um grou e uma macaca com sua cria. Os selos de propriedade dos três rolos comprovam que este tríptico fez parte da coleção de Ashikaga Yoshimitsu (1358-1408), tendo chegado, portanto, prematuramente ao Japão. Taigen Sufu, o 25º abade de Myoshinji, falecido em 1555, comprou essa obra e a ofereceu ao Daitokuji de Kyoto, onde até hoje é preservada com veneração.

Além do Avalokiteshvara, dois outros Bodhisattvas foram acolhidos no repertório iconográfico da pintura zen, porém foram muito menos retratados. Trata-se de Manjushri (Wen-shu, em chinês, e Monju, em japonês) e de Samantabhadra (P'u-hsien, em chinês, e Fugen, em japonês), acompanhantes de Shakyamuni já a partir da mais antiga iconografia. Eles personificam dois aspectos do Buda histórico — por um lado, sua inteligência e sabedoria; por outro, seu poder edificante, sua energia e seu dinamismo. Via de regra, em sua representação zen-budista, eles também se destacam pela naturalidade e simplicidade humanas, às vezes pelos semblantes radiantes, juvenis, o cabelo com longas madeixas, sem jóias e vestindo uma singela túnica monacal.

Os animais que usam como montarias servem para representar os atributos de sua dignidade, de sua força e sabedoria — um leão, para Monju, e um elefante, para Fugen. Não cavalgam, orgulhosos, sobre nuvens, com flores-de-lótus aos pés, nem são adornados com arreios preciosos; suas selas ou tronos não são encrustadas com jóias, como na arte sacra tradicional. Ao contrário, repousam comodamente sobre o chão, e não é raro descobrir um sorriso maroto nas feições do elefante. De acordo com os parâmetros da pintura do culto ortodoxo, faltam-lhes também as "Seis Descobertas ou Plenitudes (paramitas) Transcendentais" do Bodhisattva, isto é, os seis dentes propulsores que simbolizam a superação das seis fontes da tentação. Monju e Fugen, instalados sobre as suas montarias, libertos e serenos, em

---

"Kuanyin em Túnica Branca" (Pai-i Kuanyin), *de Cheh-dhi Yung-chung (início do século XIV), inscrição de Chung-feng Ming-pen (1263-1323). Museu de Arte de Cleveland.*

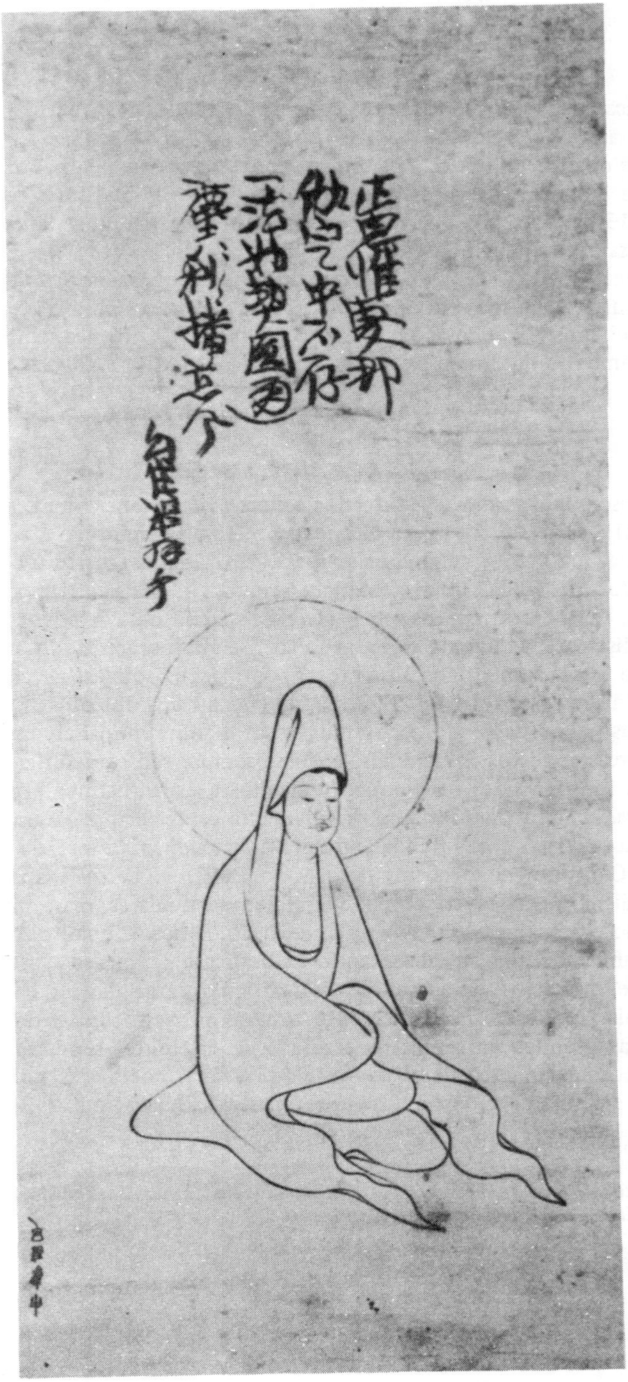

meditação, são retratados em geral em perfil de três quartos sobre um fundo vazio.

Dois quadros pintados a nanquim sobre seda do Yomei-in, em Tofukuji, são das mais antigas obras japonesas desse tipo zen-budista. Zosan Junku (1233-1308), o sexto abade deste grande mosteiro zen, redigiu os textos para essa obra um ano antes de sua morte.

A imagem de Fugen que se encontra na Freer Gallery of Art, de Washington, pintada por Takuma Eiga (ainda ativo ao final do século XIV), constitui uma exceção, pois insere o Bodhisattva, erroneamente identificado como Monju, numa paisagem.

Os Arhats

A disciplina severa e asceta dos arhats (*lohan*, em chinês, *rakan*, em japonês) e seus esforços para alcançar a meta da iluminação através da sua própria força (*tzu-li*, em chinês, *jiriki*, em japonês) permitiu que esses discípulos de Buda, cuja existência remonta à mais antiga iconografia budista, também se tornassem parte da essência das virtudes monásticas zen-budistas. Os "dignos de veneração", elevados acima do círculo do Samsara, aparecem principalmente em formações sólidas, geralmente em grupos de dezesseis arhats. Eles se diferenciam uns dos outros através de atributos específicos, de ações milagrosas e sobre-humanas, assim como por marcas e gestos individuais, e quase sempre são caracterizados como homens idosos, rudes, um pouco estranhos e espiritualmente poderosos.

Graças à sua iconografia não rigidamente estabelecida, os arhats ofereceram aos artistas a possibilidade da multiplicidade criadora e da individualidade. Contudo, no decorrer dos séculos XIII e XIV, eles aparecem no Zen-budismo, não tanto como exercícios particulares mas, muito pelo contrário, como meios acessíveis de devoção. Séries de quadros padronizados foram elaboradas, representando ciclos de arhats, que se afirmaram por meio de múltiplos esquemas de composições semelhantes. Os pintores medievais japoneses freqüentemente tiravam proveito dos padrões chineses. Duas grandes correntes da tradição de diferentes representações de arhats nos fazem recordar Kuan-hsiu (832-912), poeta, escritor e pintor atuante em fins da dinastia T'ang, e o mestre Li Kung-lin (1049-1106), da dinastia Sung.

Fragmento de um rolo pendente com os dezesseis arhats, atribuído a Fan-lung (século XII). Freer Gallery of Art, Washington DC.

Kuan-hsiu é uma das primeiras personalidades artísticas ch'an de alto escalão, que pôde ser entendida em seus contornos, cujas formas-Lohan, provavelmente inspiradas em visões oníricas, só são conhecidas através de cópias ou inscrições em pedra. O excêntrico Kuan-hsiu, muito ligado ao Taoísmo, conseguiu através das fisionomias distorcidas de seus arhats, excluir do quadro os momentos de êxtase religioso e, ao mesmo tempo, apresentar modelos convincentes de mais profunda firmeza de fé e força de vontade, de uma seriedade inabalável na luta pela liberação espiritual. Entretanto, as mais antigas séries pintadas, retratando os dezesseis arhats, provêm provavelmente de uma época ainda mais remota. Pelo menos há uma menção dos redatores do *Hsuan-ho hua-p'u* (capítulo 10), no início do século XII, sobre ciclos semelhantes. Trata-se de quatro ou oito pinturas em rolos pendentes da coleção imperial, parte da obra do famoso poeta e pintor Wang Wei (699-759) da dinastia T'ang, que, quando jovem, já fizera carreira como funcionário ministerial. Ele se voltou ao Budismo com uma profunda fé após a morte de sua mulher, em 730. Criou pinturas nas paredes de uma série de mosteiros budistas em Ch'ang-an e nas suas redondezas. Significativamente, escolheu como pseudônimo artístico o ideograma *Mo-chieh,* análogo ao *Wei-mo-chieh,* forma achinesada do sânscrito Vimalakirti, o lendário sábio indiano que, como adepto leigo, alcançou a mais profunda maturidade na compreensão da religião.

Li Kun-lin, funcionário erudito da corte, poeta e pintor, havia tecido laços estreitos de amizade com os principais governantes do clero budista de sua época e de sua região. Era conhecido pela riqueza de sua criação, por suas idéias não-ortodoxas e por suas inovações iconográficas, através das quais várias figuras do panteão budista tradicional apareceram de um ângulo completamente novo. Ele conduziu a pintura linear incolor, a denominada técnica *Pai-miao* já utilizada desde o século VIII, à mais elevada realização.

A seu sucessor, outro monge-pintor chamado Fan-lung, atuante no século XII, é atribuído um admirável rolo de pintura exposto na Freer Gallery of Art, de Washington. Nela são retratados os dezesseis lohan com seus discípulos, numa pintura linear, sutil e rara, que representa a culminância do estilo *Pai-miao* de Li Kung-lin. Não se trata, por certo, de uma coincidência o fato de os dois colofons colocados na ponta do rolo provirem de dois monges importantes do Ch'an. Um deles é Yuan-sou Hsing-tuan (1254-1341), o 48º abade do Ching-shan; o outro é o grande abade Chung-feng Ming-pen (1263-1323). Este último, depois de haver descrito e honrado a obra, admirando-a, fez o seguinte comentário: "Lao-pien T'i-tien guardou este quadro dentro de um saco. Um belo dia, ele foi buscá-lo após a meditação para me mostrar. Ele me pediu para compor uma inscrição ligada ao tema do quadro. O texto foi composto com muito respeito pelo idoso monge Ming-pen, que vive no T'ien-mu-shan do oeste."

Não pode haver dúvida alguma de que as representações dos arhats eram muito queridas na tradição de Li-Kung-lin nos círculos ch'an, e evidentemente tiveram uma repercussão especial durante o século XVI.

Na China, assim como no Japão, os pintores inseriam suas figuras de arhats de preferência em paisagens cheias de fantasia, em grutas rochosas abandonadas, em jardins deslumbrantes, ou ao menos diante de um biombo com a imagem de uma paisagem. Os jovens budas interiormente liberados são freqüentemente acompanhados de um servo ou de algum animal, cuja simbologia serve de referência aos seus poderes mágicos. Vez ou outra, porém, são seres bem comuns. Então encontramos alegres pardais, como numa série de representações do 16º arhat Cudapanthaka, sentado em meditação numa gruta. Os pássaros sentem-se bem na presença do homem religioso que, imóvel, permite que façam o que quiserem. Não menos de 12 pardais saltam sobre o seu colo e se escondem em suas vestes.

Comparando este relacionamento íntimo, e até carinhoso, entre os representantes realmente simples da natureza e o discípulo de Buda que lhes é tão superior, o monge e pintor ch'an Much'i evoca-o com nuances dramáticas em seu maravilhoso quadro a nanquim da coleção Seikado, de Tóquio. É evidente que essa obra não faz parte de nenhuma série. Mostra o lohan com uma fisionomia feia, fruto da fadiga de uma ascese afastada do mundo, desenhado na cavidade de uma rocha, envolto no nevoeiro. Uma poderosa cobra se aproxima, com um olhar agressivo e a goela bem aberta. Ela já colocou a cabeça sobre a coxa esquerda do discípulo e seu olhar ergue-se para ele, desafiante. O arhat, porém, destinado pelo próprio Shakyamuni a ser o protetor dos ensinamentos do Buda, está mergulhado em tão profunda meditação que permanece impassível. Ele supera as ameaças naturais do seu meio ambiente sem esforço algum, por causa da poderosa força da sua iluminação, que supera todas as influências cósmicas.

Pu-Tai

Se os arhats representam o aspecto sério, ascético e disciplinado do espírito zen, ao deparar-nos com Pu-tai, com Han-shan, Shih-te ou Fengkan, encontramos figuras portadoras de uma nova dimensão religiosa, caracterizada pela serenidade, pela alegria de vida, pela falta de convenções e pelo humor. No decorrer do tempo, tecemos tantas lendas e anedotas em volta de Pu-tai ou Hotei que é impossível selecionar os fatores realmente históricos de suas biografias. Ao que tudo indica, ele foi um monge-mendigo chinês itinerante chamado Ch'i-tz'u, originário de Ssuming (Ning-p'o), que faleceu em 916 (ou 905) no mosteiro ch'an de Yueh-lin-ssu, em que permanecera excepcionalmente durante três anos. Todas as fontes o descrevem como uma criatura sempre bem-humorada, de caráter aberto a brincadeiras, bonachão, barrigudo, carregando um grande saco de mendigo no qual, além de esmolas, colecionava pedras e madeiras. Seu apelido popular, Pu-tai, significa literalmente "saco de cânhamo", aludindo sem dúvida de forma eufemística à enorme circunferência de sua barriga. Em suas perambulações pelas aldeias, ele murmurava palavras incompreensíveis, brincava com crianças, ria e dançava.

Esta figura reluzente, que o mundo posterior viu como uma encarnação do futuro Buda Maitreya, ofereceu à pintura zen motivos para enaltecer o sereno e alegre ideal de vida zen, desprovido de prioridades ou de constrangimentos. Encontramos várias representações suas: sorridente, apontando para o vazio ou para a lua, batendo contente em sua barriga descoberta, bocejando com agrado e se espreguiçando, sonolento; descansando, pensativo, ou dormindo sobre o seu saco de esmolas, tentando puxar, implicante, o saco macio que serve de travesseiro para uma criança adormecida. Ou ainda podemos vê-lo observando uma briga de galos; também já pintado quando, subitamente, um olho surgiu às suas costas, na ocasião em que seu seguidor Chiang Tsung o tocou nesse lugar, também foi pintado quando seguia contente pelo mundo afora com a sua bengala de peregrino e com o saco de mendigo às costas.

Na crença folclórica do Japão, Hotei é um dos "Sete Deuses da Felicidade" mais populares, considerado como patrono afetivo e protetor das crianças. Segundo uma fonte do fim do século X, quadros desse excêntrico monge-mendigo ch'an foram pintados na região da costa leste chinesa, o atual estado de Chekiang, logo após a sua morte.

O *Butsunichi-an komotsu mokuroku*, inventário das obras-primas artísticas chinesas baseado numa antiga lista de 1320 obras, composto em 1363 e completado em 1365 — que consiste em quadros e caligrafias artísticas — e que se encontra no Butsunichi-an, um pequeno templo lateral em Kamakura, faz referência a um quadro importado de Pu-tai. Este deve ter sido elaborado em 1163 ou em data anterior, já que foi doado pelo emi-

---

"Hotei" (Pu-tai, em chinês), fragmento pintado por Mokuan Reien (falecido em 1345). MOA — Museum of Art, Atami.

nente mestre do Ch'an, Ta-hui Tsung-kao, falecido neste mesmo ano. Talvez seja idêntico a um dos dois quadros cujo título foi transmitido no *Yu-lu* do Ta-hui (capítulo 20).

Também encontramos indicações de uma imagem de Pu-tai do século XII procedente de outra fonte, de uma fase relativamente antiga, as "Obras Completas" do mestre ch'an Mi-an Han-chieh (1107-1186). O *Ju-ching Ho-shang yu-lu* assinala, em seu capítulo 2, um verso composto pelo professor de Dogen, Ch'ang-weng Ju-ching (1163-1228) para ilustrar um quadro intitulado "Pu-tai escuta o vento nos pinheiros". O tema lembra um pequeno rolo que se encontra no Senoku Hakkokan (Coleção Sumitomo) de Kyoto, e mostra o monge-mendigo barrigudo e careca de pé, numa clareira de floresta de robustos pinheiros, parcialmente ocultos pelo nevoeiro. Este quadro interessante, porém um pouco desconsiderado, pintado a nanquim sobre seda, erroneamente atribuído a Ma K'uei, irmão do pintor da corte Ma Yuan — que trabalhou na Academia Imperial por volta de 1200 —, é um dos poucos retratos zen-budistas em forma de rolo manual. O rolo em diagonal já se havia afirmado bem na pintura do leste asiático para ilustrar temas narrativos. E oportunamente se impusera na pintura zen, graças aos contos com adornos pseudobiográficos e aos inúmeros episódios cheios de fantasia que se criaram em volta dessas figuras, meio históricas, meio legendárias, do Zen.

Quadros da categoria *San-sheng*, da dinastia Sung e Yuan, principalmente em forma de rolos pendentes, chegaram ao Japão desde épocas remotas. No *Gyomotsu on-e mokuroku* do século XV, há pelo menos nove representações de Pu-tai catalogadas, integrando a coleção dos xoguns Ashikaga. Entre eles, consta a obra de Ma Yuan, com uma inscrição acrescentada posteriormente pelo monge ch'an Tsung-lo Chi-t'an (1318-1391). Trata-se de um perfil raro, cuja inscrição foi elaborada pelo monge ch'an Chien-weng Chu-ching, que viveu no sul, por volta do fim da dinastia Sung.

Provavelmente, a mais antiga imagem japonesa independente de Hotei provém do fim do século XIII. Traz uma inscrição datada de 1290, composta pelo prelado zen Nampo Jomyo (1235-1308), educado na China. O Shinju-an do Daitokuji, do Kyoto, possui uma das mais antigas pinturas zen do Japão, elaborada em técnica de nanquim monocromado. Trata-se de um rolo que infelizmente foi mal preservado e é de um artista anônimo, que nos apresenta o alegre Hotei rindo, confortavelmente relaxado sobre o seu saco de bugigangas.

Os Três do T'ien-T'ai-Shan

A famosa hagiologia zen composta por Tao-yuan em 1004, denominada *Ching-te ch'uan-teng lu*, os "Desenhos sobre a Reprodução do Farol da era Ching" (1004-1007), leva-nos de volta aos "Sete Budas da Antigüidade", biografias que remontam ao passado, de um total de 1701 mestres do ch'an indianos e chineses, inclusive Feng-kan (Bukan, em japonês), Han-shan (Kanzan, em japonês) e Shih-te (Jittoku, em japonês). Acrescentou-se na nota que eles haviam alcançado o "Portal do Zen", sem serem, entretanto, especialmente conhecidos em sua época (capítulo 27). De fato, estamos lidando aqui com figuras lendárias, às quais pensamos poder conferir certos fundamentos históricos, baseados no prefácio de uma coletânea de poemas T'ang. A antologia contém 300 *Han-shan shih* — "Poemas da Montanha Fria".

A autoria do prefácio é atribuída a Lu-ch'iu Yin, um prefeito que viveu por volta do fim do século VIII e início do século IX, na região de T'ai-chou. Ele escreveu a maior parte dos poemas do Han-shan por ele selecionados, acrescentou alguns poucos poemas sobre Shih-te e Feng-kan, e assinalou o fato de havê-los encontrado já escritos, sobre árvores e pedras, nas paredes das casas ou nos espaços vazios das aldeias vizinhas.

Lu-ch'iu Yin descreve Han-shan como uma pessoa rara, de comportamento excêntrico, um homem pobre e erudito, vivendo em solidão nas montanhas de T'ien-tai, na província de Chekiang, vestindo roupas gastas. Ele visitava freqüentemente a Kuo-ch'ing-ssu em T'ang-hsing, capital de seu Estado não muito longínquo, onde um empregado da cozinha do mosteiro, chamado Shih-te, lhe dava restos de comida. Este havia sido encontrado em sua terna infância por Feng-kan e levado para ser educado no mosteiro. Seu nome, Shih-te, refere-se a esse episódio e significa literalmente "o que foi encontrado". Conta-se que Han-shan passava às vezes horas perambulando pelos corredores do mosteiro, mergulhado em monólogos ou rindo em voz alta. E quando, perturbados em sua quietude meditativa, os monges o expulsavam, ele parava de repente, ria, batia palmas e desaparecia.

Quando Lu-ch'iu Yin começou a sofrer fortes dores de cabeça, pouco antes de sua viagem para um novo posto nas proximidades do T'ien-t'ai-shan, e ao falharem todos os recursos médicos, só o mestre ch'an Feng-kan, vindo do Kuo-ch'ing-ssu, conseguia aplacá-las. Este era sempre acompanhado de um tigre amigo, para ajudá-lo em seu caminho. Lu-ch'iu Yin indagava a Feng-kan se em seu velho mosteiro ainda havia outros mestres a quem ele pudesse consultar. Este, então, lhe indicava Han-shan e Shih-te, como sendo na verdade encarnações dos bodhisattvas Manjushri e de Samantabhadra.

Depois de haver assumido o seu novo posto, o magistrado logo se dirigiu ao Kuo-ch'ing-ssu, para encontrar os dois "santos". Ele os encontrou na cozinha do mosteiro, e inclinou-se reverentemente diante deles. Porém os dois, que estavam se esquentando ao lado do fogão, logo começaram a fazer barulho e a comentar: "Feng-kan, esse fofoqueiro! Vocês nem reconhecem o Buda Amitabha (Feng-kan) quando o vêm! E o que significa isso de você se inclinar diante de nós?" Atraídos pelo ruído, os monges do mosteiro correram para a cozinha e depararam-se com essa situação extraordinária. Han-shan e Shih-te foram embora de mãos dadas, como se fugissem da cena, e desapareceram em seu abrigo nas montanhas vizinhas. Quando, mais tarde, o prefeito enviou presentes ao eremita em forma de roupagens e medicamentos, Han-shan gritava aos emissários: "Ladrões, ladrões!" E se refugiou numa caverna que havia nas vizinhanças. Shih-te também desapareceu.

A literatura e a pintura zen desenvolveram suas três figuras favoritas baseadas nessa narrativa encantadora de seu prefácio, que eventualmente pode ser até pura ficção literária, em alguns versos de antologia posterior. Os três eram rapazes corpulentos e espontâneos em sua desenfreada alegria e jovialidade, com uma soberana liberdade espiritual e paz interior. Um poema característico da Antologia da "Montanha Fria" se traduz assim:

"Você tem em casa os poemas de Han Shan?
Far-lhe-ão mais bem do que ler os Sutras.
Pendure-os na parede
e dê-lhe uma olhada de vez em quando!"[22]

Han-shan é retratado com freqüência com um pincel e um livro em forma de rolo vazio, e mais raramente com um recipiente para os restos de sua comida, ou apontando com o dedo para cima. Shih-te leva normalmente, como atributo, uma vassoura. Ambos foram retratados desde a dinastia Sung, de preferência como um par de loucos, marotos e risonhos, com os cabelos em pé, por vezes juntos num rolo pendente, ou num díptico. Vez ou outra eles aparecem também junto com seu mentor espiritual mais velho, Feng-kan, retratado na maioria das vezes como um monge careca e barbudo, num quadro ou num par de rolos pendentes.

Há um rolo especialmente encantador de uma coleção particular japonesa com as imagens desses três excêntricos sábios zen. Foi pintado a nanquim sobre seda, e, de acordo com a tradição, é atribuído a Mu-ch'i; se não é de sua autoria, foi certamente criado por um artista de seu meio ou por um de seus sucessores. Descreve com uma força de expressão, cheia de humor e psicologia, como Han-shan está por escrever algo com o pincel sobre uma parede íngreme no bordo esquerdo do quadro, enquanto Shih-te, descalço, havia abandonado sua vassoura para esfregar o nanquim numa pedra, para o seu inspirado amigo. O velho Feng-kan está de cócoras diante de uma gruta que surge do nevoeiro, perto de um riacho da montanha. Com a mão direita ele segura a ponta de sua barba e segue, divertido, assim como Shih-te, a seu lado, o ato de escrever inconvencional e espontâneo de Han-shan. Observando mais de perto, constata-se que este já escreveu quatro ideogramas, parte dos versos iniciais da "Montanha Fria":

"Meu coração se assemelha à lua do outono
que se espelha no lago, claro e puro como o jade.
Não, essa não é uma boa comparação!
Diga-me, porém, como devo descrevê-lo?"

O díptico japonês, comprovadamente pintado entre 1435 e 1463 pelo retratista budista Reisai, e que se encontra na Burke Collection, de Nova Iorque, é uma das melhores obras que une Han-shan, Shih-te e Feng-kan num pequeno rolo manual, num tríptico ou num par de rolos pendentes. O rolo da direita mostra a careca de Bukan que está de costas, sentado numa rocha achatada, atrás da qual se vê a cabeça do tigre adormecido. No rolo da esquerda, Kanzan está gesticulando, também de costas, numa conversa vívida com o seu risonho amigo, Jittoku. Reisai colocou as figuras na quarta parte inferior do quadro, sobre um platô semelhante a um palco que termina de modo abrupto. Através de nuvens que sobem esquematicamente diante do fundo amplo e vazio do quadro, o artista sugere um mero desdobramento do espaço, sem margens. A maioria das outras imagens conhecidas mostra-nos os companheiros zen Han-shan e Shih-te circundados de uma paisagem pouco evocativa, ou até sem qualquer detalhe decorativo.

Em sua coleção, os xoguns Ashikaga possuíam inúmeros quadros chineses com esse mesmo tema, durante o século XV. Entre eles há um que Noami atribui, em seu catálogo, ao pintor e literato Li Kung-lin, falecido em 11·06. Ao que tudo indica, outro destes quadros foi pintado pelo artista

Referente às ilustrações das págs. 70 e 71: Kanzan (Han-shan, em chinês) e Jittoku (Shih-te, em chinês) (à esquerda) e Bukan (Feng-kan, em chinês) com seu tigre (à direita), díptico de Reisai (meados do século XV). Coleção de arte japonesa de Mary e Jackson Burke, Nova Iorque.

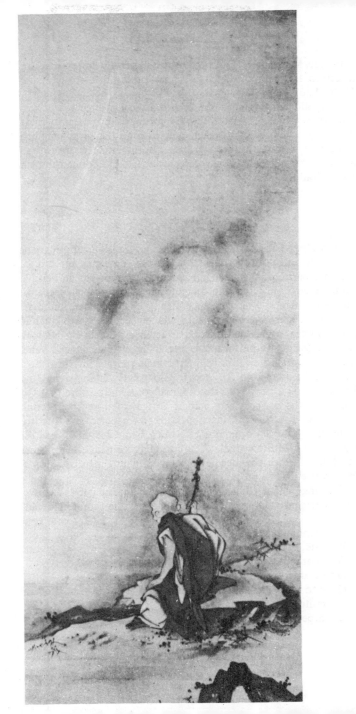

e monge Mu-ch'i; esta obra é particularmente apreciada no Japão e sua inscrição foi composta pelo não menos famoso abade Hsu-t'ang Chih-yu (1185-1269).

Segundo informações do *Butsunichi-an komotsu mokuroku*, o Engakuji já possuía um par de rolos oriundos do mesmo mestre ch'an, de meados do século XIV. Neles, as figuras de Han-shan e de Shih-te estavam retratadas, comprovando a grande popularidade deste tema pictórico até mesmo no Japão medieval, onde, a partir dessa época, surgiram numerosas e encantadoras variantes do mesmo.

Os Quatro Dorminhocos

A partir do trio extravagante de T'ien-t'ai-shan, impregnando a literatura zen de um colorido vivo, sua pintura desenvolveu um novo tema de extraordinária graciosidade, ao incluir o tigre manso de Feng-kan como um companheiro em igualdade de condições. As figuras foram pintadas aconchegadas entre si e designadas como "Os Quatro Dorminhocos" (*ssu-shui,* em chinês, *shisui,* em japonês). Não se sabe ao certo quando surgiu esse tema, porém, o mais tardar a partir do início do século XIII, ele está firmemente inserido na pintura zen, apesar de as mais antigas versões preservadas só terem sido criadas cem anos mais tarde. Um verso do *Ju-ching Hoshang yu-lu* (capítulo 2), escrito pelo abade Ch'ang-weng Ju-ching (falecido em 1228) a propósito de um quadro perdido sobre "Os Quatro Dorminhocos", nos proporciona a mais antiga documentação conhecida sobre esse tema. Também há inscrições a este respeito nos quadros que fazem parte das "Obras Completas" de outros mestres ch'an das dinastias Sung e Yu do sul. Muitas vezes o seu conteúdo central gira em torno do sonho, que leva os "dorminhocos" ao conhecimento intuitivo do verdadeiro ser das coisas e do seu próprio ser intrínseco.

O monge ch'an Ch'iao-yin Wu-i (falecido em 1334) escreveu o seguinte verso a respeito de um quadro de *Ssu-shui,* que também já não existe mais:

"O homem e o tigre formam uma unidade.
Por que, sendo tão fiéis companheiros,
Seus corações e aspectos tanto diferem?
O pensamento em sonho vagueia, confuso.
O vento sacode pinheiros e portais.
Só muito tarde na vida se alcança
Um aspecto satisfeito e sereno."

P'ing-shih Ju-chih (1268-1357), famoso abade da dinastia Yuan, escreveu num poema os seguintes versos:

"Estreitamente entrelaçados, entrançados como num novelo, cada um mergulhado em seu próprio sonho, o tigre no ser do tigre, o homem no ser do homem."

Expressões deste tipo esclarecem com bastante nitidez que o propósito de "Os Quatro Dorminhocos" era expor aos olhos de quem contempla o quadro "um vislumbre do próprio ser, que conduz ao ser de um Buda". Elas simbolizam as contrariedades absolutas que se confrontam e que, através da prática zen, revelam o aprisionamento deste lado da imaginação, do qual o espírito se libera. Esse quarteto alegre e sereno que, como nenhum outro, tomou forma adequada nesse tema da pintura zen, personifica a não-dualidade de homem e de animal, vista numa perspectiva de sono e de sonho pacíficos que dissolvem todos os contrários, ao serem acolhidos pela tranqüilidade, na iluminação e no vazio.

Os pensamentos centrais budistas sobre a não-dualidade foram formulados pelo terceiro patriarca do Ch'an, Chien-chih Seng-t'san (falecido em 606), em seus "Escritos a Cinzel a Respeito do Credo e do Espírito", *Hsin-hsin-ming*. Dizem o seguinte:

"Quando o olho já não dorme,
todos os sonhos param por si mesmos.
Quando o espírito nada mais diferencia,
todas as coisas são uma única realidade.
Quando se fundamenta o profundo mistério da Realidade Única,
esquece-se de imediato os envolvimentos externos.
Quando se compreendem as dez mil coisas em seu ser intrínseco,
retorna-se à naturalidade espontânea."

Também no Japão o sonho desde cedo foi usado como metáfora para a dialética do Ser e do Parecer, e para a desejada transcendência da verdadeira essência de toda a dualidade. Numa coletânea de versos intitulada *Kokinwakashu*, encomendada pelo imperador Daigo (885-930) em 905, há um poema curto de 31 sílabas *(Tanka)* que Wilhelm Gundert traduz da seguinte maneira:

"Será o mundo um sonho?
Será dotado de um ser? Diga!

Que eu sabia, nem dotado de um ser,
nem um sonho.
Um algo, um Nada numa Unidade."[23]

Até a atualidade, alguns monges, numa agressividade pictórica, imprimiram sobre o papel repetidas vezes o ideograma *Meng* ou *Mu (yume)* no sentido de "sonho". Outros o incluíram em seus nomes clericais, como por exemplo o eminente Muso Kokushi (1275-1351), "Mestre da Terra da Janela dos Sonhos", ou o monge ch'an chinês T'an-e (1285-1373), que acrescentou uma inscrição em verso a um quadro dos "Quatro Dorminhocos" que se encontra no Museu Nacional de Tóquio, ao qual faremos referência mais tarde. Era conhecido pelos nomes Meng-t'ang — "Vestíbulo dos Sonhos" — e Wu-weng — "Sonho do Nada". Esse nome, profundamente enraizado na filosofia e na poesia, era o mesmo do Abade Issei (falecido em 1368), de Tofukuji. Durante sua permanência para estudos na China, ele pôde receber das mãos do professor de Ch'an Yueh-chiang Cheng-yin (1267-1333) um verso de louvor a seu nome clerical Mumu, "Sonho do Nada", até hoje preservado no original.

Ladeando o *Ssu-shui-t'u* testemunhado pelo mestre ch'an Yu-lu, também encontramos no *Gyomotsu on-e mokuroku* dois rolos contendo duas imagens de "Os Quatro Dorminhocos", que não se pode deixar de atribuir a Mu-ch'i, hoje reconhecido, sem dúvida alguma, como de sua autoria. Entretanto, conhecemos três originais da primeira metade do século XIV de primeiríssima ordem no que concerne à sua qualidade, porém de uma espécie totalmente diferente. Talvez a mais antiga interpretação desse tema preservada até nossos dias foi a pintada pelo monge e pintor zen Mokuan Reien, que trabalhou durante duas décadas e até sua morte, em 1345, no continente chinês. Um tal Hsiang-fu Shao-mi (talvez se trate do mesmo Shao-mi do mosteiro de Hsiang-fu) acrescentou uma inscrição a esta obra, que trata mais uma vez do "Grande Sonho" dos quatro dorminhocos abraçados. A obra-prima de Mokuan encontra-se na Maeda Ikutoku Foundation, de Tóquio, e representa aquela tendência de estilo requintado da pintura a nanquim monocromática que floresceu nos círculos zen em fins da dinastia Sung e durante a época Yuan. Esse estilo deve sua excelência sobretudo à espontaneidade e à aplicação inconvencional de seus meios pictóricos.

"Os Quatro Dorminhocos" (fragmento), de Mokuan Reien (falecido em 1345). Inscrição de Hsiang-fu Shao-mi, Maeda Ikutokukai, Tóquio.

As duas outras versões que surgiram mais ou menos na mesma época, isto é, por volta do século XIV, constituem o pólo oposto do estilo acima mencionado. Uma delas, pintada em cores sobre seda e concentrada apenas na representação do grupo de figuras, encontra-se no Ryoko-in do Daitokuji, em Tóquio. E uma outra, quase idêntica no que concerne à ordem de suas figuras, porém enriquecida pelo suntuoso desdobramento da paisagem que a circunda e pela linguagem de suas linhas — finas, detalhadas, interligadas à tradição de Li King-lin (1049-1106). Esta segunda versão monocromática, de um efeito totalmente diferente, encontra-se no Museu Nacional de Tóquio. Baseados em detalhes biográficos deduzidos das inscrições dos quadros dos três monges ch'an — P'ing-shih Ju-chih (1268-1357), Huakuo Tzu-wen (1269-1351) e Meng-t'ang T'an-e (1285-1373) —, pode-se presumir que essa obra extraordinária foi criada entre 1329 e 1348. "Os Quatro Dorminhocos" personificam os mais elevados ideais zen-budistas, vestidos com modéstia. Livres deste ciclo de vida, sendo isso sutilmente revelado pelo seu desaparecimento no reino dos sonhos e da beatífica sonolência, eles conseguem causar a impressão de bastante tranqüilidade íntima e equilíbrio, simplicidade, superioridade sem ornamentos, irrealidade, naturalidade e profundidade abissal, a fim de relembrar alguns conceitos que Hisamatsu Shin'ichi considera as marcas indeléveis de uma obra de arte zen.

A grande popularidade e a ampla expansão da temática de "Os Quatro Dorminhocos" no meio zen-budista são finalmente comprovadas por uma miniatura turca dos primórdios da era osmânica. O pequeno quadro em forma de Tondo, encontrado na corte de Mehmet, o Conquistador, em Istambul, no século XV, foi sem dúvida criado sob a influência de um protótipo chinês.

Feng-kan ou Bukan foi tratado também como uma figura-sujeito isolada, descansando sobre o seu tigre, montado nele, ou de pé a seu lado. Ele parece ter ingressado no repertório da pintura zen muito antes de seus amigos do Kuo-ch'ing-ssu, mesmo quando se trata da famosa representação livre e espontânea na técnica a nanquim sobre papel — do monge de olhos fechados sobre o seu tigre adormecido —, uma cópia do final do século XIII ou do começo do século XIV. A assinatura onde consta o nome do excêntrico artista Shih K'o (falecido em 975) é uma prova da transposição prematura do elemento lendário transmitido à pintura do

Kensu, "Comedor de Camarões", de Kao (primeira metade do século XIV), Museu Nacional de Tóquio.

século X. Essa obra, junto com o seu par — mostrando um monge mergulhado em profunda meditação, talvez o segundo patriarca ch'an, Hui-k'o — já fez parte do Shohoji de Kyoto, e hoje está guardado no Museu Nacional de Tóquio. Nela encontramos Feng-kan representando a raiz pictórica do iluminado, e, ao mesmo tempo, um patriarca zen adormecido ou em profunda meditação, alheio a tudo à sua volta. Uma cópia levemente modificada do par que faz jogo com essa obra foi utilizada por um pintor, provavelmente da época Yuan, para reinterpretar a figura de Feng-kan. Acrescentando um tigre adormecido e alguns elementos da paisagem, ele apresenta a imagem de Feng-kan surgindo como unidade iconográfica ao centro de um tríptico, ladeado por dois rolos com a imagem de Hanshan e de Shih-te. Estes três quadros pouco conhecidos, pintados a nanquim sobre seda, pertencem ao Museu Fujita de Osaka.

Hsien-Tzu e Chu-T'ou

Hsien-tzu (também denominado Hsia-tzu ou Kensu, em japonês), o "Comedor de Camarões", e Chu-t'ou (Choto, em japonês), o "Cabeça de Porco", são outras figuras excêntricas do universo pictórico zen-budista. Segundo informações provenientes de fontes antigas, Hsien-tzu foi discípulo do mestre ch'an Tung-shan Liang-chieh (807-869) no século XI. Perambulava pelos riachos e alimentava-se de camarões e de moluscos. Parece que a iluminação lhe ocorreu ao apanhar um caranguejo. Artistas chineses e japoneses, entre os quais os dois famosos monges-pintores Mu-ch'i e Kao, representavam-no habitualmente, desde os séculos XIII e XIV, como um velho companheiro barbudo e maltrapilho, usando as mesmas roupas durante anos a fio, com uma rede de pescar, erguendo de modo significativo um camarão em suas mãos.

O monge chamado Chih-meng, que viveu no século XI procedente de Wu-chou, também conhecido como "o homem sagrado de Chin-hua", também obteve o estranho apelido de "Cabeça de Porco" por causa de seu prato preferido. O famoso mestre ch'an Ta-hui Tsung-kao (1089-1163), que conduziu a história do famoso mosteiro sobre o Ching-shan na condição de seu 13º abade, residente no Yu-wang-shan como chefe supremo em sua 19º geração, já havia composto uma inscrição para um dos quadros de Chu-t'ou. Este infelizmente se perdeu, porém é mencionado no 12º capítulo de suas "Obras Completas", o *Ta-hui P'u-chiao Ch'an-shih yu-lu*.

Hsien-tzu e Chu-t'ou foram apresentados mais tarde, muitas vezes em pares de rolos, provavelmente porque, devido às suas preferências alimentares, eles ignoravam as regras do clero budista a esse respeito.

Bodhidharma

A maior delicadeza da pintura zen se deve, sem dúvida, ao fundador do Ch'an na China, a Bodhidharma, 28º patriarca depois de Shakyamuni (falecido em 534). Enquanto alguns autores modernos questionam a autenticidade histórica do primeiro patriarca indiano, há uma mistura de fatos históricos com lendas ricamente enfeitadas nas diversas anotações das crônicas mais antigas. Um dos episódios mais populares é o encontro do Bodhidharma com o imperador Wu (464-549) da dinastia Liang. Como um sincero fomentador do Budismo, o monarca chinês convidou o monge indiano à sua corte, em Nanking, para poder compreender e elucidar, em primeira mão, as novas idéias ch'an. Contudo, apesar de interessado, o monarca não compreendia bem as breves respostas paradoxais do extraordinário religioso. O patriarca zen deduziu sem demora as conseqüências desse diálogo improdutivo, e partiu da corte imperial sem se despedir. Dirigiu-se para o norte, a um mosteiro na montanha Sung, no Estado de Wei, onde permaneceu nove anos em meditação.

Por mais que este encontro tenha sido usado na literatura posterior, por mais enfeitado que tenha sido, esse episódio parece não ter encontrado nenhuma repercussão junto aos pintores. Pelo menos não nos foi transmitida nenhuma imagem mais antiga a respeito desse tema. Talvez se quisesse evitar, nos círculos de artistas zen, que com uma exposição como essa a recém-adquirida fama do fundador da escola fosse enevoada pelo seu comportamento irreverente diante do imperador. Ao contrário, nessa fase apoteótica, os artistas se dedicaram indubitavelmente a transcrever os episódios apócrifos da biografia do Bodhidharma, que endeusava esse velho patriarca hindu, atribuindo-lhe poderes sobrenaturais.

Entre pintores e literatos difundiu-se então a lenda que alcançou grande popularidade: "Travessia do Rio Yang-tze num Junco", após sua abrupta despedida da corte do imperador Liang. Esse episódio foi abertamente aceito, palavra por palavra, pelos fiéis comuns. Todavia, os monges ch'an eruditos compreenderam essa lenda como uma metáfora simbólica da extraordinária força milagrosa do obstinado patriarca.

Há indícios de que a história da travessia milagrosa do Yang-tse pelo Bodhidharma já não constituía nenhuma novidade no início do século XII. Contudo, as mais antigas imagens preservadas na literatura especializada a respeito deste conhecido tema, sob o título japonês *Royo (toko)*

金烏高上玉
桐干黑漆蔑
崖背雨雷平
竟這些傍石
日看花添
太無端

太白 如淨

Daruma, originam-se no século XIII. As estreitas interligações entre a figura do Bodhidharma e o personagem Shakyamuni surgindo das montanhas não residem apenas em detalhes formais. Como exemplo, temos as vestes esvoaçantes ao vento, impelidas para a frente, sempre pintadas de vermelho — quando não se trata de uma pintura monocromática a nanquim —; ou então o detalhe das mãos colocadas diante do peito e geralmente encobertas pelo hábito de monge; ou ainda o conteúdo do depoimento simbolizado justamente por esse gesto. Dietrich Seckel comprovou de modo convincente que essa postura de mãos, específica do Zen, que aparece como norma no *Shussan Shaka* e no *Royo Daruma*, significa "a posse muda da verdade". O "Não-Falar" também é determinante para o Bodhidharma, enquanto imagem primordial do Zen iluminado. Ao mesmo tempo, o ato de ocultar (as mãos) serve para desviar a quase que inevitável escolha de um determinado *Mudra*, portanto, de uma afirmação bem-formulada: a palavra através de um sinal simbólico preciso. No sentido do Zen, poder-se-ia referir a um Não-Gesto, ou melhor, a um anti-*Mudra*.[24]

Segundo a lenda, Bodhidharma também submeteu-se a exercícios ascéticos tão severos quanto os do Buda histórico, ao permanecer meditando durante nove anos diante de uma parede rochosa em Shao-lin-ssu, perto de Loyang.

A ampla coleção biográfica do monge Tao-yuan (já compilada em 1004) em *Ching-te ch'uan-teng Iu* refere-se a essa ocorrência do Sung-shan, e a *Ch'uan-fa cheng-tsung chi*, a "Crônica para a Transmissão do Ensinamento da Verdadeira Escola", do monge ch'an Fo-jih Ch'i-sung (1007-1072), menciona que o povo chama o Bodhidharma de "Parede dos Brâhmanes Estarrecidos", por causa de sua estranha maneira de meditar. Encontramos a expressão *Pi-kuan*, literalmente "Os Olhos Fitos na Parede", desde as mais remotas fontes, que continham as primeiras reflexões anotadas dos ensinamentos do Bodhisattva, escritas por um de seus sucessores. Ao que tudo indica, em sua origem, esse termo designou um determinado tipo de meditação. Alguns intérpretes são da opinião de que talvez se trate de uma metáfora da indizível "verticalidade e irrupção súbita e imprevista da iluminação". É pouco provável, porém, que seja uma indicação de que a postura sentada em meditação deva ser entendida literalmente, como o conceito *Pi-kuan* foi entendido pelos escritores que vieram a seguir. Os "Nove Anos de Meditação do Bodhidharma Diante de uma

---

Bodhidharma na "Travessia do Rio Yang-tze num Junco". Inscrição de Ch'ang-weng Ju-ching (1163-1228); perdido na guerra.

Parede Rochosa no Shao-lin-ssu" deve ter nascido de um erro de interpretação e da fantasia florescente dos literatos e dos pintores ch'an do período Sung.

Este tema foi reiteradamente difundido na pintura através do encadeamento imediato da exposição biográfica do Bodhidharma. Ao ouvir falar da ininterrupta meditação do patriarca indiano, um discípulo ch'an, de nome Hui-k'o, pôs-se a caminho do Monte Lung, para solicitar ao grande mestre que o aceitasse como discípulo. Bodhidharma, contudo, o ignorou. Finalmente, Hui-k'o decepou o braço esquerdo, como prova de sua determinação de fazer qualquer sacrifício e de sofrer todas as contrariedades a fim de tornar-se um adepto do Ch'an. Nesse momento, Bodhidharma aceitou o destemido discípulo chinês e, após sua iluminação, o designou como segundo patriarca, na longa lista de seus sucessores.

O famoso monge e pintor japonês Sesshu Toyo (1420-1506) legou-nos esse acontecimento-chave do Zen numa imagem de profunda seriedade religiosa, repleta de comovedora dramaticidade. Essa pintura está num grande rolo no Sainengi, em Aichi. Sesshu, que aos 11 anos já havia ingressado num mosteiro zen, pintou esse quadro emocionante em 1486, aos setenta e sete anos de idade (setenta e seis anos, segundo a contagem ocidental), como consta na sua assinatura, na borda esquerda do quadro. Ele mostra os dois patriarcas zen rigidamente posicionados no mesmo ângulo, de perfil. Hui-k'o, com barba rala, de corte audacioso, calvo, com os olhos firmemente determinados voltados para a frente, segurando o braço decepado diante do peito; e o indiano Bodhidharma, com sua barba preta, imóvel em seu recolhimento, os olhos vívidos fixos na parede rochosa da gruta.

Nessa figura, o pintor consegue evidenciar um paradoxo típico do Zen-budismo, ou seja, ocasionar a aparente oposição do "trabalho pesado" espiritual até a exaustão, com uma total imobilidade corpórea. Do mesmo modo, devemos interpretar também o contraste marcante entre a estranha pedra pontilhada com leves toques, e trabalhada numa textura linear, com os poucos e amplos traços ousados que delineiam a figura do Bodhidharma em branco, com um retorno às condições naturais através do espírito zen: as rochas parecem pulsar, como que acordadas pela vida, e o homem que medita assemelha-se a um bloco de pedra, imóvel e inerte. Com sua obra-prima, Sesshu introduziu uma ocorrência desconcertante e radical, que conduz à conseqüência zen do total desapego. Ele legou aos que estão

"Bodhidharma Medita Diante da Parede Rochosa e de Hui-k'o, que Decepou o Braço", de Sesshu Toyo (1420-1506), datado de 1496, Sainenji, Prefeitura de Aichi.

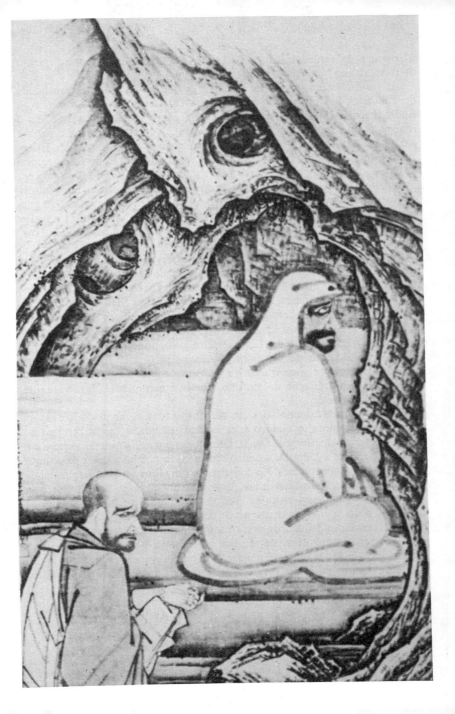

à procura da verdadeira iluminação um *Zenkisu* exemplar, um "quadro de recursos zen" da mais alta categoria.

As histórias fantasiosas que elucidam a vida, as ações e a personalidade do fundador indiano do Ch'an na China não terminam com a morte do Bodhidharma. Uma lenda já esboçada em pleno século X conta como o monge Sung-yun, de Tun-huang, encontrou o patriarca indiano após a morte deste último. O monge havia sido enviado pelo imperador Hsiaochuang (que governou entre 528 e 530), da dinastia Wei, numa peregrinação que durou três anos, para fora da Índia, à pátria do Budismo no Ts'ung-ling, na Ásia Central. O encontro aconteceu quando Sung-yun já estava de regresso ao lar; nessa ocasião, o Bodhidharma levava consigo apenas um de seus sapatos. Quando Sung-yun informou o imperador a respeito do extraordinário encontro, este mandou abrir o túmulo de Bodhidharma, onde de fato se encontrou o outro sapato.

Esse tema do "Patriarca Bodhidharma Regressando Rumo ao Oeste com um Sapato só" já fora tratado na literatura desde épocas remotas. O episódio, abreviado por *Sekiriki Daruma* em japonês, já atraía a atenção dos pintores chineses e japoneses, no mínimo desde o século XIII. De acordo com o nosso critério, a mais bem-preservada representação deste tema encontra-se hoje em Masaki-bijut-sukan, em Izumi-Otsu, perto de Osaka. Dela consta uma inscrição datada de 1296, escrita pelo punho de Nampo Jomyo (1235-1308), Abade do Sofukuji, educado na China. Esta é uma obra extraordinariamente importante na história da pintura do leste asiático, por mostrar a introdução da pintura chinesa a nanquim no Japão durante a dinastia Sung.

Em sua própria concepção e em certos motivos, como nas vestes esvoaçantes para a frente, o quadro encerra laços estreitos com as imagens do *Royo Daruma* e do *Shussan Shaka*. Sem poder excluir de modo exato e em seus pormenores a linha de desenvolvimento, temos boas bases para supor que esses dois temas pictóricos constituem um clima artístico-espiritual de efeitos de mutação estimulantes, que podem ser responsabilizados pela aproximação tipológica entre si. Todos esses temas pictóricos tratam da descrição e do aperfeiçoamento artístico de detalhes biográficos lendários, para diferenciar os "Quadros de Contos" dinâmicos e carregados de ação, e as ocorrências históricas de alcance intencional e fundamentais para a escola zen. Há então uma diferenciação nítida do gênero de quadros representando figuras religiosas estáticas — evitamos a denominação "quadros de culto", tão imprópria para designar a arte zen — de certas imagens do Buda histórico enquanto instituição religiosa, iniciando uma longa lista de patriarcas, ou alguns quadros do Bodhisattva Avalokiteshvara.

Retratos de Patriarcas

Em oposição a esses temas pictóricos caracterizados pelo aspecto do momentâneo, do fluente e do passageiro, isto é, de uma ligação espaço-temporal única bem determinada, os retratos mais nitidamente estáticos dos grandes patriarcas do Ch'an pretendem, de acordo com a sua essência, uma superação e uma independência do espaço e do tempo. O modo clássico de representar o Bodhidharma, elevado a uma dimensão sobre-humana, é uma meia-figura de três quartos de perfil. Como marca característica desse retrato ideal há o cunho das feições não-chinesas do rosto e certo ar singelo, monacal e ágil do patriarca; sua barba, cheia e forte, suas grandes orelhas com aros ornamentais e sobretudo o seu hipnótico olhar dominante.

Esse superdimensionamento dos olhos está decerto baseado numa lenda apócrifa. Conta-se que certa vez, enfurecido pelo fato de seus olhos se fecharem de cansaço durante a meditação, Bodhidharma cortou suas próprias pálpebras. No lugar onde estas caíram, nasceu milagrosamente um arbusto: a planta do chá. De fato, desde as épocas mais remotas, tomava-se chá nos círculos zen para superar o cansaço no decorrer das prolongadas meditações. Graças a originais de obras preservadas, é possível remontar até o século XII no que concerne ao tipo de figura de meio-corpo dos patriarcas retratados.

Entre as mais impressionantes representações do patriarca fundador indiano, consta sem dúvida a imagem pintada com poucas e fortes pinceladas e em suaves contornos aveludados a nanquim sobre papel. Encontra-se no Myoshinji, em Kyoto, e constitui a parte central de um tríptico existente desde a antiguidade no Japão. Os rolos que pendem de ambos os lados retratam Pu-tai e Feng-kan; sua origem procede das mãos do pintor Li Chueh, cuja assinatura está no canto esquerdo inferior do rolo com a imagem de Pu-tai. Infelizmente, não se conhece nenhuma outra obra desse artista. A imagem de Bodhidharma, obra anônima, tem na metade superior uma *Gatha* de quatro linhas, a serem lidas da esquerda para a direita, de autoria de Mieh-weng Wen-li (1167-1250). Nessa pintura, o importante abade ch'an sugere dois episódios inspirados pela biografia do primeiro patriarca a respeito do improdutivo encontro com o Imperador Wu de Liang, e sobre o misterioso retorno de Bodhidharma depois de sua morte, através dos desertos da Ásia Central.

O quadro isolado não é, como se poderia talvez deduzir a princípio, o mais antigo tipo na história do desenvolvimento da pintura de retratos do Zen-budismo; o mais antigo, pelo contrário, é, de preferência, o quadro de grupos. Segundo os mais antigos arquivos e o material ainda existente, comprova-se que se trata de retratos de patriarcas, numa seqüência de gerações. Condicionada pelo programa iconográfico, a série de retratos prestou-se de imediato como forma mais adequada de representação.

Essa série de imagens era concebida em geral como ciclos de retratos isolados, enfileirados e interligados uns aos outros, pintados em rolos separados. Todavia, às vezes os artistas utilizavam uma outra forma de representação em que uniam um grupo, formado talvez de cinco retratos de patriarcas, num único rolo pendente. O conjunto de vários desses rolos constituía novamente uma série pictórica sem solução de continuidade. O alcance de uma seqüência pictórica — que pode variar entre três e quarenta rolos — não é determinada, portanto, unicamente pelo número de pessoas retratadas. Ao organizar as imagens, geralmente se prestava a máxima atenção para que os mestres zen retratados fossem posicionados em seu devido lugar de acordo com sua hierarquia cronológica, à direita ou à esquerda de um eixo central. Esse centro poderia ser marcado por uma imagem do Shakyamuni. Em geral, os patriarcas posicionados em números ímpares voltam-se para a esquerda, isto é, seus retratos eram suspensos à direita de uma imagem central, ou de um eixo imaginário. Os mestres cujas posições correspondiam aos números pares aparecem de perfil, à direita, do outro lado, do lado esquerdo, portanto. Como a série de retratos é de interesse sobretudo para os antigos Mestres do Zen, há aqui uma preponderância de pinturas mostrando o busto dos patriarcas.

Os ciclos de imagens de patriarcas budistas remontam a uma tradição muito longínqua, nas diversas escolas do oeste asiático. O que de fato destaca de modo excepcional as pinturas zen, em oposição aos retratos dos Patriarcas do Chen-yen (Shingon, em japonês) ou do T'ien-t'ai (Tehdai, em japonês) é a realidade da mentalidade pictórica interligada à sua função religiosa, que já se liberou da concepção predominante da imagem idealizadora. No decorrer desse processo não se deve passar por alto o fato de que também os primeiros patriarcas zen, no chamado *Soshi-zo*, baseavam-se quase que unicamente nas concepções ideais da personalidade dos Mestres e que, — como nas outras escolas, — exerciam tarefas relativas do "culto".

"Cinco Mestres Zen", parte de um ciclo de 30 bustos pintados em seis rolos, que ladeiam uma imagem de Shakyamuni (à p. 47), de autoria de Kichizan Mincho (1352-1431), obra datada de 1426. Inscrições de Genchu Shugaku (1359-1428), Rokuo-in, Tofukuji, Kyoto.

Os rolos pintados que já no início do século XII encontravam-se na ampla e abrangente coleção do imperador Hui-tsung (1082-1135), grande amante da arte da dinastia Sung, constituem uma das mais antigas seqüências de quadros. Esses rolos, hoje perdidos, retratavam os seis patriarcas mais antigos do Ch'an na China. Essa informação foi deduzida do quinto capítulo, do *Hsüan-ho hua-p'u* que atribui esses quadros a Ch'en Hung, pintor atuante na corte da dinastia T'ang, em meados do século VIII. Se essa atribuição for correta, infere-se que essa pintura foi criada precisamente na época em que Shen-hui (668-760) se debatia em luta com seu Mestre Hui-neng, em sua condição de sexto patriarca, para assumir a legítima sucessão doutrinária. Essa disputa só foi apaziguada através do concílio convocado pelo Imperador Te-tsung, em 796.

Desde então, as séries de quadros dos primeiros seis patriarcas ch'an, na China, fazem parte do repertório normal da pintura retratista zen-budista. No *I-chou ming-hua lu* (cujo prefácio data de 1006), encontramos inúmeras indicações de ciclos de afrescos semelhantes, em vários templos importantes da atual província de Ssu-ch'uan. Possivelmente, foram criadas por Chang Nan-pen, o artista emigrante (atuante na segunda metade. do século IX) e pelo monge e pintor zen Ling-tsung, que trabalhou no Ta-sheng-tz'u-ssu em meados do século X, assim como por seu pai, Ch'iu Wen-po, que trabalhou por volta de 932-965 no mosteiro ch'an Ch'ien-ming-ch'an-yuan. Nessa época, o Ta-sheng-tz'u-ssu já possuía um subtemplo especial, um Liu-tzu-yuan, consagrado aos "Seis Patriarcas".

Infelizmente, nada soubemos por intermédio de Huang Hsiu-fu, o redator do "Relatório Sobre Pintores Famosos em I-chou", a respeito do aspecto desses primeiros quadros que retratavam os patriarcas. Talvez tenham sido bustos, como se tornou habitual mais tarde. Possivelmente, foram seqüências de pequenas cenas que mostravam os patriarcas zen no círculo de seus discípulos, ao instituir a função do sucessor oficial dos ensinamentos, portanto uma espécie de "quadro de ordenação". Duas obras transmitem reflexos desse modelo; uma é a cópia do *Ch'uan-fa cheng-tsung ting-tzu t'u-chuan,* "Rolo Pintado com a Transmissão dos Ensinamentos da Verdadeira Escola Através dos Patriarcas Nomeados". Essa obra encontrava-se no Kanchi-in do Toji, em Kyoto, e atualmente está no MOA — Museum of Art, de Atami. Foi elaborada pelo monge japonês Joen, em 1154, segundo o original chinês concluído em 1061. A segunda obra que transmite o mesmo modelo é um desenho a nanquim, cópia de uma gravura em madeira chinesa de 1054, elaborada por um artista anônimo do início do século XIII no Kozanji, nas proximidades de Kyoto.

Retratos de Monges

O retrato ocupa uma posição central no Zen-budismo. Entre os quadros dos mestres importantes que foram preservados, deparamo-nos, na maioria das vezes, com os dos abades, sentados *in cathedra*. A forma favorita de representação dos monges contemporâneos, como também de suas imagens póstumas — pintadas logo após a morte do retratado — é o "Retrato de Cadeira" (*i-tzu-hsiang*, em chinês, *isu-zo*, em japonês). Ele mostra o mestre sentado com as pernas encolhidas numa cadeira de abade, de braços e encosto bem altos. Os sapatos são colocados sobre um banquinho diante da cadeira de abade, denominada *Chü-lu*, em chinês, e *Kyokuroku*, em japonês, com freqüência ricamente ornamentada, recoberta com tecidos preciosos. Geralmente, o mestre tem nas mãos um espanta-moscas (*fu-tzu*, em chinês, *hossu*, em japonês) ou um bastão ameaçador (*chu-pi*, em chinês, *shippei*, em japonês) que serve para aplicar golpes nos ombros dos discípulos, necessários para evocar sua plena atenção durante o *Zazen*.

Nessas pinturas de monges, conhecidas como *Chinso* na terminologia zen, diferenciáveis pela sua tipologia iconográfica dos *Soshi-zo* ou pelas imagens dos patriarcas, há um domínio quase que exclusivo do perfil de três quartos, ora para a direita, ora para a esquerda. Não encontramos nos quadros zen-budistas o puro perfil que retrata um só personagem, e as imagens de frente são extremamente raras. Faltam a estes quadros qualquer alusão a um fundo, a não ser quando este é exigido por condições iconográficas excepcionais. De modo que a questão de tratar-se de retratos interiores ou exteriores permanece intencionalmente em aberto, e todo o interesse é concentrado na personalidade retratada. Só muito excepcionalmente vemos um monge zen integrado numa paisagem.

As inscrições (*tsan*, em chinês, *san*, em japonês), parte integrante do *Chinso*, geralmente são apresentadas na parte superior do quadro, portanto próximas à cabeça dos retratados. Foram compostas e manuscritas pelos próprios mestres retratados (*juzo*) a pedido de seus discípulos. Essas dedicatórias, parcialmente compostas em versos, são tão pessoais ou fazem alusão a metáforas tão dificilmente acessíveis, sugerindo ocorrências específicas ou particularidades no comportamento entre mestre e discípulo, que são ininteligíveis, ou só parcialmente compreensíveis para o não-iniciado.

Os Mestres zen escreveram suas dedicatórias em ambos os sentidos, tanto da direita para a esquerda, como também — contrariando as convenções habitualmente aceitas ao leste da Ásia — da esquerda para a direita.

De modo que o transcurso do *Tsan* já era de imediato determinado pela direção do olhar do retratado, pois a inscrição começa normalmente do lado do quadro para o qual a pessoa se volta. Isso também é válido para grande parte de outros retratos zen-budistas.

Devemos um comentário altamente elucidativo a respeito dos princípios de representação dos quadros zen, contemporâneos e póstumos, ao monge ch'an chinês Chu-hsien Fan-hsien (1292-1349), que trabalhou no Japão a partir de 1329. Seu nome ficou conhecido não apenas como instrutor e abade dos mosteiros mais importantes, mas seu talento também se desenvolveu na arte caligráfica e na pintura. Em sua *T'ien-chu-chi*, "Coleção de Flechas ao Céu", ele nos lega, no 3º Capítulo de suas "Obras Completas", uma polêmica contra a regra já há tanto tempo patente e habitual na dinastia Yuan, que determinava que um mestre zen, ao ser retratado, durante a vida, deveria olhar para a direita — de acordo com seu ponto de vista heráldico. Um quadro pintado após sua morte deveria retratá-lo, pelo contrário, num perfil de três quartos voltado para a esquerda. Este condicionamento para diferenciar os retratos contemporâneos dos póstumos, assim como a exigência a ela interligada, de fazer com que a inscrição do quadro transcorra de cada vez no sentido contrário do olhar de quem está sendo retratado, foi considerado sobremaneira na pintura zen, como o comprova o material disponível. Quadros póstumos *(izo)* geralmente foram caligrafados pelos discípulos ou pelos sucessores dentro da tradição do retratado, e ao contrário da prática da escritura tradicional, da esquerda para a direita.

O mais preservado e antigo "Retrato Sentado" de um mestre zen de que temos conhecimento é o de Mu-an Fa-chung (1084-1149), que se encontra no MOA Museum of Art, de Atami. Talvez tenha sido pintado ainda durante a vida do próprio mestre, pois o monge barbudo, de cabelos compridos, da escola Huang-lung, aparece voltado para a direita, como é regra em quadros desse gênero. É de se supor que ele não teve mais a oportunidade de escrever a sua inscrição de próprio punho. Os louvores caligrafados nessa obra foram redigidos por dois sucessores desconhecidos, logo após sua morte, em 1250-51.

Os *Chinso* indiscutivelmente mais importantes surgiram entre os séculos XIII e XV. Três das mais belas obras de toda a pintura chinesa foram dedicadas pelos mestres ch'an retratistas a seus discípulos. Em 1238, o grande abade de Ching-shan, Wu-chun Shih-fan (1177-1249), dedicou um retrato seu ao monge peregrino Enni Ben'en (1202-1280), que estudava sob sua orientação. Esse monge regressou da China a Kyoto em 1241 e lá fundou o Tofukuji, em 1255, onde este mais famoso entre todos os retratos zen-budistas é objeto de zelo e de veneração desde o século XIII até hoje. Vinte anos mais tarde, em 1258, o influente Mestre ch'an Hsu-t'ang Chih-yu (1185-1269) entregou o seu retrato, hoje pertencente ao Myoshinji, de Kyoto, com uma dedicatória manuscrita a seu discípulo Sempo Honryu, do Jomyoji, em Kamakura. E em 1315 o monge zen Enkei Soyu (1285-1344) retornou de uma estadia de nove anos na China com um retrato de seu mestre Chung-feng Ming-pen (1263-1323), assinado pelo pintor I-an, desconhecido, a não ser por esta obra. Em 1325, Enkei fundou o Kogenji na sua antiga província de origem, e lá se encontra até hoje o maravilhoso quadro do corpulento e excêntrico mestre ch'an, de cabelos longos.

É impossível discernir o número de *Chinso* japoneses, de modo que nos contentaremos aqui com uma mera referência aos vários quadros, que exerceram grande influência, das eminentes personalidades zen, como Enni Ben'en, Muso Soseki (1275-1351), ou Ikkyu Sojun (1394-1481).

Quadros a Respeito de Encontros Zen

Os denominados *Zenki-zu* apresentam um gênero de quadros especificamente zen-budistas, intitulados "Quadros sobre Ocorrências ou Ações Zen". Oportunamente, chamou-se também a essa categoria de "Quadros Como Meios de Auxílio Zen", pois as representações cênicas narrativas, originalmente apresentadas em seqüências e em forma de rolos manuais, ou então em rolos separados, tinham como objetivo ajudar e incentivar os que buscam a iluminação. E o faziam ao expor diante de seus olhos um tema fundamental da transmissão zen, ou acontecimentos cruciais da vida de um patriarca zen exemplar, ou ainda através de diálogos paradigmáticos entre um mestre zen iluminado, que já superou os conflitos do mundo, e algum representante de outro meio espiritual qualquer. Os *Zenki-zu* preenchem uma tarefa similar à literatura edificante original na Antiguidade e na Idade Média cristã. Desse modo, pode-se perfeitamente concebê-los, e no mais amplo sentido, como "quadros edificantes ou estimulantes".

Várias dessas representações têm como título o binômio *Wen-ta* (*mondo*, em japonês), cuja tradução literal é "Pergunta e Resposta". Nas letras zen-budistas, esses "Quadros-Diálogos" imbuídos de uma didática de fortes componentes narrativos e históricos, são designados pelo termo *Ch'an-hui-t'u* ou *Zen-e-zu*, "Quadros de Encontros Zen". Parece que sua estruturação foi encarada com uma certa sistemática, já a partir do século XIII, pois nos *Yu-lu* dos famosos mestres ch'an não é raro que uma série de doze

91

ou treze episódios apareçam sempre na mesma ordem, ou numa ordem parecida. A princípio, na maioria das vezes, vem a história do monge ch'an Huang-po Hsi-yun (falecido por volta de 850), que respondeu ao desafio da pergunta de um jovem monge esbofeteando-lhe o rosto três vezes. O noviço que recebeu essa instrução subiu mais tarde ao trono da dinastia T'ang com o nome de Hsuan-tsung, como seu 16º imperador, e governou de 846 a 859.

Outro encontro tipicamente zen é descrito na visita de Li Ao (falecido em 844) ao mestre ch'an Yao-shan Wei-yen (751-834). Quando o confucionista Li Ao, governador de Lang-chou e amigo do convicto opositor do Budismo, Han Yu (786-824), procurou ser instruído por Yao-shan Wei-yen, o primeiro ignorou por completo seu ilustre hóspede. Assim provocado, esse dignitário impacientou-se, e disse de modo pouco respeitoso:

— Ver seu semblante causa menos impressão do que escutar o seu nome. O sábio Mestre ch'an lhe respondeu, sereno: — Como poderias conseguir desprezar o olho e enaltecer os ouvidos?

Li Ao inclinou-se, então, impressionado, e perguntou: — Qual é o caminho correto para a iluminação?

Yao-shan Wei-yen respondeu apontando com um dedo para o alto e com a outra mão para baixo. Contudo, Li Ao não compreendeu o estranho sinal, de modo que o mestre ch'an acrescentou ao fim: — As nuvens estão no céu; a água está no cântaro.

Então Li Ao entendeu, e recitou espontaneamente os seguintes versos:

"Seu corpo asceta é seco como o de um grou.
Duas caixas de Sutras repousam sob miríades de pinheiros.
Quando vim em busca do caminho da iluminação, ele disse apenas:
— As nuvens estão no céu; a água está no cântaro."

Foram preservados dois extraordinários *Ch'an-hui-t'y* a respeito desse tema, opostos em sua composição estilística, e caracterizando assim os pólos extremos da pintura zen-budista da dinastia Sung.

Um deles tem a assinatura de Ma kung-hsien, que ocupava uma alta função na Academia Imperial durante a era Shao-hsing (1131-1162). Ele usava o "Cinto Dourado", distinção honrosa feita a pintores da corte pela prestação de serviços especiais. O rolo pendente em Nanzenji, Kyoto,

"Li Ao Diante do Mestre Yao-shan Wei-yen", obra de Ma kung-hsien (metade do século XII), Nanzenji, Kyoto.

pintado numa estrutura clara e linear em tons pastéis sobre seda, mostra Li Ao em trajes de funcionário, com as mãos respeitosamente juntas na altura do peito, diante de uma grande mesa de pedra natural. Do outro lado da mesa, o velho e alquebrado Yao-shan Wei-yen está sentado numa cadeira de bambu debaixo de um majestoso pinheiro, risonho, indicando com um gesto o galho de pessegueiro que está diante dele, num cântaro bojudo e de gargalo longo. Ao lado, sobre a mesa, há duas caixas contendo os Sutras enrolados, uma pedra oval aberta para esfregar os pedaços de nanquim, convertendo-os em tinta, e um pequeno recipiente.

Em oposição a essa obra, indiscutivelmente comprometida com uma tradição acadêmica que relaciona o conteúdo pictórico com descrição expressiva, o pintor anônimo forja uma versão solta, livre e desenvolta. E o faz através do potencial de expressão sugestiva das suaves linhas a nanquim e das lavas em cinza aguado. Essa versão foi emprestada ao Princeton University Art Museum. Atualmente está montada como um rolo quadrado e há grande probabilidade de que em sua origem tenha feito parte de um rolo manual. Contém uma inscrição do abade ch'an Yen-ch'i Kuang-wen (1189-1263), composta durante o período de seu mandato em Lingyin-ssu (Leng-ch'uan), entre 1254 e 1256:

"Todos os instantes da iluminação chegam como um raio.
Desdenhar os olhos e valorizar os ouvidos
É como se estivéssemos entre as águas e as nuvens.
Não diga que não há outro Caminho!"

O abade de Leng-ch'uan, Kuang-wen

Quadros a Respeito da Iluminação

Um outro grupo do *Zenki-zu* é formado por representações de personalidades zen-budistas eminentes no momento decisivo em que, subitamente e sem intenção, ocorre a iluminação. Esses quadros, que podem ser entendidos à primeira vista, reproduzem com freqüência uma situação bem cotidiana, uma ocupação habitual ou até mesmo trivial. Como, por exemplo, um monge atravessando um rio, um peregrino incluído na paisagem debaixo de uma árvore em flor, um monge cortando bambu ou varrendo o pátio de um mosteiro.

Nos episódios acima mencionados, o primeiro refere-se ao fundador da Escola Ts'ao-tung (Soto, em japonês), Tung-shan Liang-chieh (807-869) que, ao cruzar um rio e ao contemplar o reflexo de sua própria imagem nas águas, alcançou a iluminação. O segundo refere-se a Ling-yun Chih-chin, mestre ch'an que viveu no século IX e que, de repente, ao deparar-se com um pessegueiro em flor, experimentou o Satori. O terceiro refere-se a Hui-neng, o sexto patriarca, para quem o irromper da iluminação se deu, inesperadamente, ao ouvir o ruído do bambu sendo cortado. E o quarto é Hsiang-yen Chih-hsien (do século IX) que, enquanto trabalhava varrendo, fez com que uma pedrinha saltasse e batesse num galho oco de bambu, causando um barulhinho inofensivo, mas que interrompeu o silêncio; foi o suficiente para desencadear sua experiência da iluminação.

Finalmente, também fazem parte dessa categoria de "Quadros de Iluminação" zen-budistas temas como "Pu-tai como Observador de uma Briga de Galos", ou "Hsien-tzu apanhando Caranguejos". Essas obras dificilmente são compreensíveis sem algum comentário ou conhecimento da literatura zen. Encontramos alguns desses temas como episódios acessórios em compilações biográficas, e outros constam das coleções de *Koan*, como tarefas de meditação.

A Pintura de Parábolas

Finalmente, há entre os *Zenki-zu* os "Quadros de Parábolas". A princípio, seu caráter paradigmático é tão difícil de reconhecer quanto o dos "Quadros Referentes à Iluminação". Alguns mestres zen gostavam principalmente de recorrer à parábola do "Búfalo e seu Pastor" para introduzir os discípulos na instrução, pois através dessa imagem e de suas palavras aludiam a várias etapas possíveis de reconhecimento.

Quando Yoshimitzu, o xogum Ashikaga, pediu ao influente abade zen Zekkai Chushin (1336-1405) para esclarecer-lhe os fundamentos do Zen-budismo em 1395, este, em suas lições com o regente, serviu-se das inúmeras versões da comparação formulada nessa série de versos e imagens. Pois o ensino zen apresenta-se escalonado, na maioria das vezes, em dez estágios, à semelhança do simbolismo representado pelo pastor e o búfalo que este "havia perdido". Após penosa busca, ele é reencontrado, para que lhe seja ensinado o caminho da intuição do verdadeiro ser das coisas.

As primeiras séries dos "Dez Búfalos" (*shih-niu-t'u*, em chinês, *jugyu-zu*, em japonês) parece ter surgido na China na metade do século XI. Em algumas delas, os passos do caminho zen são simbolizados através de um búfalo aquático que, no decorrer de dez estágios, vai se transformando; de um animal negro como o breu, vai clareando-se gradualmente até tornar-se branco como a neve e, por fim, invisível. A conseqüência é um círculo vazio, símbolo da liberação absoluta das garras do mundo da manifestação.

Outra série de textos e ciclos pictóricos que remontam ao mestre ch'an chinês K'uo-an Chih-yuan (por volta de 1150), teve ampla expansão sobretudo no decorrer dos séculos XIV e XV no Japão, onde apareceu em inúmeras edições manuscritas pintadas e também gravadas. As fases do Caminho conduzindo ao mais elevado reconhecimento são apresentados nas seguintes alegorias (seguimos aqui os breves e preciosos esclarecimentos de Dietrich Seckel):[25]

1. A incansável e temerosa procura do búfalo desaparecido pelo pastor. ("A Ânsia e o Medo surgem do Reconhecimento da Verdadeira Natureza do Mundo.")
2. A descoberta das pegadas do búfalo. ("O Início da Intuição do Conhecimento através do Estudo do Vazio, de modo que o Homem Vislumbra, pelo menos de longe, a Pista da Verdade.")
3. A visão do búfalo. ("A intuição do ser das coisas e do próprio ser que, no fundo, são uma só coisa.")
4. O aprisionamento do búfalo. ("O poder obstinado do mundo da manifestação deve ser domado.")
5. O Cuidado com o búfalo e a sua condução pela corda. ("A Verdade, agora firmemente alcançada, já não pode ser perdida por nenhum deslumbramento.")
6. A cavalgada do pastor de retorno ao lar, cantando e tocando flauta montado sobre o dócil búfalo. ("A firme e alegre tranqüilidade da intuição [do conhecimento]; tudo se dá por si mesmo.")
7. O búfalo desapareceu, o homem está só. ("Uma intuição expressamente consciente agora é irrelevante, pois a tão aspirada condição do ser, a mutação ônica, já foi alcançada.")
8. O búfalo e o homem desaparecem; fica um círculo vazio. ("Todo o dualismo é dissolvido na claridade última: Tudo é vazio.")

"O Sexto Patriarca Hui-neng ao Cortar o Bambu." Obra de Liang K'ai (primeira metade do século XIII), Museu Nacional de Tóquio.

"A Cavalgada do Pastor Retornando à sua Morada, Tocando Flauta Sobre o Dorso do Búfalo." (Fragmento da 6ª etapa da Parábola do Búfalo). Obra atribuída a Li Sung, início do século XIII. Coleção particular, Japão.

9. O Regresso ao fundamental, às origens. Os "Três Puros": o bambu, o pessegueiro em flor e as pedras. ("O simples existir das coisas, sobre cujo ser não é mais preciso especular.")
10. O passeio pela cidade, com os braços caídos. ("Na modesta figura de Pu-tai, sereno e alegre, sem nada precisar, acima das exigências mundanas e sem demonstrar sua sabedoria, o homem iluminado anda entre o povo, e todos alcançam o estado búdico.") Atualmente ainda conhecemos quatro quadros das mais antigas séries dos "Dez Búfalos", uma delas em forma de cópia canônica de 1675. Os pequenos rolos em diagonal, atribuídos a Li Sung (atuante por volta de 1190-1230), remontam, quando muito, a essa época. Mesmo se tivermos dúvidas a respeito dessa destinação tradicional, os pincéis, que delineiam levemente as cenas compostas em círculos, delatam, por um lado, a mão de um talentoso pintor da época Sung e, por outro, as inscrições, sem dúvida autênticas, que a acompanham, confirmam a criação da série como pertencente à primeira metade do século XIII. Essas inscrições são de autoria de Shao-lin Miao-sung, monge ch'an que conduziu o Ching-tz'u-ssu na condição de seu 29º dirigente e que foi o antecessor de Wu-chun Shih-fan (1177-1249) no Ching-shan, como seu 33º abade.

Segundo informações procedentes de fontes fidedignas, o japonês Muto Shui, cerca de cem anos mais tarde, pintou um ciclo de "Dez Búfalos", hoje perdidos, infelizmente. A esse artista devemos também o maravilhoso busto de seu mestre zen, Muso Soseki (1275-1351), que se encontra no Myochi-in de Kyoto. A série dos "Dez Búfalos", de sua autoria, deve ter sido uma obra de extraordinária importância, pois Muso a entregou, junto com a inscrição do título escrito de seu próprio punho, ao ex-imperador Suko (Fushimi) que vivia em Komyo-in. Tão experiente conhecedor de arte como o monge zen Gido Shushin (1325-1388), tomou a iniciativa de fazer dois registros a respeito desse rolo manual em seu diário, em 1382.

Um conjunto de dez quadros redondos bem conservados e montados sobre um rolo manual mostrando o búfalo e seu pastor, atribuído, segundo a tradição, ao monge-pintor Shubun (ativamente por volta de 1423-1460), pertence desde épocas imemoriais ao Shokokuji de Kyoto. O esquema de composição e certas marcas estilísticas baseiam-se, sem dúvida, nas ilustrações talhadas em madeira de uma versão, ou de várias versões gravadas no K'uo-an. Os rolos manuais do *Jugyu-zu*, conservados no Hoshun-un do Daitokuji, devem ter origem semelhante. De acordo com os especialistas japoneses, esses rolos fazem parte da primeira fase expansiva da Escola Kano, do século XV.

Ao lado dessa estimulante e instrutiva parábola do búfalo e de seu pastor, a arte zen criou também representações de ordem metafórica, com a intenção de uma advertência profilática diante dos caminhos falsos que conduzem para muito longe do objetivo. Os que buscam o reconhecimento do próprio ser estão expostos a esse engano. Uma das metáforas favoritas do entrelaçamento desprovido de qualquer esperança, da natureza não-iluminada no mundo dos fenômenos terrenos, é a do macaco que tenta agarrar o reflexo da lua sobre a água. Essa imagem, raras vezes reproduzida, mostra que, na sua vã tentativa, o macaco não percebe a verdadeira lua. Num quadro a respeito desse tema, imbuído de humor, que faz parte da coleção Hosokawa de Tóquio, o pintor Hakuin Ekaku (1685-1768) — forte reformador do Zen que surgiria mais tarde no Japão e, ao mesmo tempo, mestre dirigente do chamado *Zenga* — deixou os seguintes versos:

"Um macaco apalpa a lua que se reflete na água,
e não a soltará até sua morte.
Se ele a largar, mergulhará nas profundezas.
A luz brilha clara em todas as direções."[26]

Entre os inúmeros quadros sobre macacos — alguns deles provenientes de fontes arcaicas japonesas —, associados ao nome do famoso monge-pintor do Ch'an chinês, Mu-ch'i, há um que foi pintado sobre um rolo contendo uma inscrição de Hsu-t'ang Chih-yu (1185-1269). Esse quadro, mencionado no *Butsunichi-an komotsu mokuroku*, — e que, portanto, já existia no Engakuji perto de Kamakura um século antes de sua corajosa versão, mostra um "Macaco Durante o *Zazen*".

Na maioria dos mosteiros zen, a prática de sentar-se em meditação tinha um significado central. Quase todos os seus adeptos sérios conferiam-lhe um elevado valor ético. Dogen Zengi (1200-1253), introdutor da Escola Soto do Zen no Japão, escreveu numa obra intitulada "Indicações Gerais Para o Estímulo do *Zazen*":

"Se desejas atingir a Iluminação, aprofunda-te na prática do *zazen*. Descarta todos os teus apegos, tranqüiliza as dez mil coisas, não penses no bem ou no mal, não julgues o correto ou o falso, detém o movimento da consciência, faz com que cessem os desejos, a imaginação e o julgamento, e não almejes tornar-te um Buda!"[27]

Mas qual o significado do fato de um monge ch'an, como Mu-ch'i, tão familiarizado com a prática da meditação, pintar um macaco absorto em meditação? Será uma paródia? Haverá aí oculto alguma sarcástica repreensão aludindo ao clero de sua época? Ou será um tributo ao macaco como "grande religioso, que se assemelha ao céu" *(ch'i-t'ien ta-sheng)*, animal a quem até templos eram consagrados no sul da China? É provável que se trate de uma crítica satírica a um treinamento religioso desvalorizado, por ser muitas vezes demasiado unilateral, ou praticado com uma finalidade pessoal, que até um macaco propenso a travessuras tende a imitar.

O mestre do T'ang, Nan-yueh Huai-jang (677-744) chamou a atenção inúmeras vezes para o perigo que um enrijecimento espiritual representa no *zazen*. Certa vez, ele colocou em apuros seu discípulo Ma-tsu Tao-i (709-788), extremamente capaz e propenso à meditação ininterrupta, com uma comparação caricata, ao perguntar-lhe com que intenção ele praticava o *zazen*. Ao que Ma-tsu respondeu: "Quero tornar-me um Buda." A seguir, Huai-jang pegou um tijolo e começou a poli-lo com uma pedra. Estarrecido, seu discípulo lhe perguntou qual o sentido de tão estranha ocupação. O mestre explicou-lhe que queria fazer do tijolo um espelho. E quando Ma-tsu lhe indagou, incrédulo: "Como se pode converter um tijolo num espelho, polindo-o?", Huai-jang lhe respondeu: "Como pode alguém tornar-se um Buda através do *zazen*?"

Ao colocar diante de seu discípulo um espelho — no mais verdadeiro sentido da palavra, pois nos círculos zen, já naquela época, era habitual utilizar essa metáfora para se referir ao espírito puro e iluminado —, o mestre deixou bem claro que a noção de ter que primeiro transformar-se num Buda já é em si um obstáculo no caminho da experiência básica do Zen. Isto é, esse requisito já implica um empecilho à verdade de que cada criatura já tem em si ou já é, desde todo o sempre, um ser búdico.

Séculos mais tarde, formulou-se uma crítica semelhante — cheia de carinho permeado de ironia — à provável intenção de Mu-ch'i ao apresentar o seu macaco absorto em meditação. Esta é de autoria de Gibon Sengai (1750-1837), último grande representante da nova era zen no Japão. Ele delineia um sapo, com apenas alguns poucos traços em nanquim cinza-pálido. A inscrição desse quadro diz o seguinte: "Se fosse possível converter-se num Buda através do *zazen*..."[28] A próxima linha nunca foi escrita, porém a conclusão do pensamento parece bem clara: ... "um sapo que, devido à sua postura natural, parece estar quase constantemente praticando o *zazen*, há tempo deveria ter-se tornado um Buda".

Josetzu, monge e pintor zen que trabalhou no Shokokuji no começo do século XV, também retratou a insensatez dos esforços desesperados para conseguir agarrar o cerne do ser do Zen através de meios inúteis, de métodos ou instrumentos inadequados. Em seu quadro conservado no

Taizo-in do Myoshinji, em Kyoto, pintado a nanquim em cores suaves sobre papel, ele retrata um ancião tentando apanhar um silurídeo escorregadio com uma cabaça de gargalo estreito num riacho de montanha — tarefa corajosa cuja ousadia é facilmente reconhecível. Essa obra é conhecida na literatura especializada como *Hyonen-zu*. É provável que o xogum Yoshimochi, da dinastia Ashikaga, a tenha encomendado a *Josetzu* por volta de 1413, após um encontro com o clero de Kyoto, que compartilhava de seus interesses literários. Mais do que 31 "monges-literatos" zen, os *Bunjinzo* compuseram contos curtos a respeito desse tema. Entre eles, há alguns representantes do *Gozan* da importância de Daigaku Shusu (1345-1423), de Gyokuen Bompo (1348-1420), de Genchu Shugaku (1359-1428) e de Daigu Shoshi. Posteriormente, esses rolos foram montados junto com o quadro de *Josetzu*.

A combinação de pintura, poesia e caligrafia foi a composição artística preferida no Japão durante a primeira metade do século XV, principalmente nos círculos zen. A programação desses "Rolos com Poemas e Pinturas" — *Shigajiku* — e o empenho em realizar uma obra de arte interligada em todos os níveis e sentidos cristalizaram-se aqui num caminho.

O mais tardar, a partir da época do mestre ch'an Chao-chou Ts'ung-shen (778-897), personalidade original, famoso pelas suas frases paradoxais, a abóbora de colo estreito — que desde épocas imemoriais era tida na China como um típico atributo da magia taoísta — foi também considerada nos círculos zen como algo extraordinário. Eventualmente, comparava-se o desligamento das emoções e dos desejos e o aprofundamento no decorrer da meditação com a penetração numa abóbora: a princípio é difícil, pois a abertura é muito apertada. A seguir, a visão se amplia; porém, logo chegamos a uma passagem estreita; conseguindo ultrapassá-la, temos a sensação de estar num lago tranqüilo. Mas, finalmente, se queremos prosseguir até a libertação total de todos os estreitamentos e limitações do mundo da manifestação, é preciso que a abóbora seja destroçada. Uma pintura de Sengai (1750-1837), muito elogiada pela sua riqueza imaginativa e humorística, foi a de uma abóbora dançando sobre as ondas. A inscrição que a acompanha explica sua semelhança à compreensão da verdade última que escapa sem cessar, apesar dos esforços mais renitentes. Ora a abóbora mergulha, ora emerge novamente, e flutua diante de nossos olhos. Só não conseguimos agarrá-la.

"Cegos Tateando seu Caminho Sobre uma Ponte." Obra de Hakuin Ekaku (1685-1768). Coleção particular, Hamburgo.

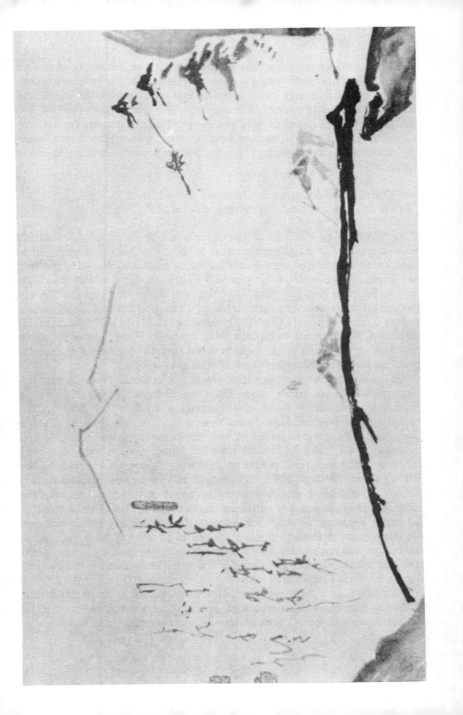

Só a confiança cega e o ininterrupto amparar-se no apoio da fé e no objetivo da iluminação levam à outra margem de modo totalmente inesperado, quando já nem mais se nutria essa esperança. Com freqüência, isso ocorre somente numa idade avançada. É o que Hakuin (1685-1768) deseja transmitir através de seus quadros-parábolas, repetidos tantas vezes de modo quase idêntico, nos quais dois ou três cegos, tateando com cuidado, atravessam uma pequena ponte. Seu comentário a respeito diz o seguinte:

"Que o tatear dos cegos ao atravessar uma ponte
sirva de modelo de vida no decorrer da velhice."[29]

O irromper da visão iluminada durante a simples atividade cotidiana pode completar-se no clima espiritual do Zen. Um par de quadros, retratando um monge "que cirze e cose ao sol da manhã" (*chao-yang pu-chui*, em chinês, *choyo hotetsu*, em japonês) e outro monge que termina a lição de seu Sutra ao luar (*tui-yueh liao-ching*, em chinês, *taigetsu ryokyo*, em japonês) confere uma expressão artística a essa postura básica. Segundo o monge Zuikei Shuho (1391-1473), morador do Shokokuji, nas cercanias de Kyoto, foi um poeta da dinastia Sung, chamado Wang Feng-ch'en, autor dos dois versos acima citados, quem deu o impulso para essas representações que surgiram unicamente nos círculos zen.

Os apontamentos das inscrições breves nos quadros *Yu-lu* de conhecidos mestres ch'an, como os de Hsu-t'ang Chih-yu (1185-1269) ou de Yueh-chien Wen-ming (cuja obra remonta à metade do século XIII), comprovam a popularidade desses dois temas que, no final da dinastia Sung, sempre aparecem juntos. A mais antiga versão, e ao mesmo tempo a melhor, mais cheia de charme e de um humor sutil, é a de *Chao-yang tui-yueh:* um par de rolos pendentes de autoria do pouco conhecido pintor Wu Chu-tzu, do ano 1295. Encontra-se no Tokugawa Bijutsukan, em Nagoya. O quadro à direita mostra um monge calvo sobre uma saliência rochosa; ele se esforça por enfiar uma linha numa agulha. A linha está fixa no canto esquerdo de sua boca, esticada e presa aos dedões de seus pés. No outro rolo, um monge também idoso está de cócoras sobre uma rocha, com as pernas encolhidas, levantando um rolo, em forma de livro, pertinho dos olhos, para ainda poder decifrar o texto do Sutra à luz do luar, que nem sequer é sugerida.

As duas figuras formando um díptico se encaram, encerrando uma recíproca referência de composição em enfáticas pinceladas de tonalidades cinzas, com algumas partes acentuadas num nanquim mais forte.

Segundo convenções mais antigas, as inscrições, colocadas fora de seu lugar habitual, na borda superior dos rolos, realizadas em caligrafia pelo próprio artista, correspondem, em seu percurso, à direção visual das figuras monásticas, retratadas em meio perfil. A temática *Choyo-taigetsu*, repetida inúmeras vezes também no Japão desde o início do século XIV, adverte os seguidores do Zen a respeito das intenções paradigmáticas dos dois aspectos da vida monástica: por um lado, lembra as atividades intelectuais e manuais que, lado a lado, têm o mesmo direito. A disciplina religiosa-espiritual e a rotina corpóreo-manual, à qual se pode entregar de modo totalmente livre. E, por outro lado, o dever que está sempre desperto e aberto em tudo o que se faz, desde cedo até à noite. Do primeiro raio de sol até o luar, este dever insere a valorização consciente do ser, surgindo, repentino e inesperado, no "vislumbre do [próprio] ser".

Bambus e Orquídeas

Em outras associações que fizemos, já mencionamos detalhadamente os significados de alguns animais e plantas na arte zen, como por exemplo o macaco, o búfalo aquático ou as ameixeiras em flor. Portanto, algumas indicações que as completem devem ser suficientes aqui para chamar a atenção a respeito da diversidade de níveis de alguns temas que, a princípio, parecem pertencer ao cotidiano inofensivo.

Dois temas foram transmitidos à arte zen com uma preferência especial. São eles: bambus e orquídeas, na maioria das vezes interligados a rochas bizarras. Graças às suas formas encantadoras, à sua elegância e a seus atributos, na Ásia, como fonte inesgotável de inspiração, ambas as plantas prestam-se como meio de expressão ideal e específico às idéias zen-budistas. Além disso, a ligação tão próxima entre a pintura e a arte caligráfica ofereceu, principalmente aos monges aficionados, a oportunidade da redação imediata e espontânea de intuições espirituais ou de sensações pessoais. Nesse processo, não era a virtuosidade que estava em primeiro plano, porém, com freqüência, de preferência, uma despreocupação brincalhona, conscientemente não-artística e despretensiosa.

No leste asiático, o bambu representa valores éticos fundamentais. Seu crescimento em linha reta é comparado ao caráter íntegro de um homem exemplar; seu tronco firme, regular e elástico, à retidão interior que, apesar de toda a flexibilidade de sua condescendência, denota a constância inabalável e a firmeza de um nobre. Suas folhas verdes sempre frescas e inalteradas no decorrer das estações são comparadas à estabilidade, à força de resistência e à fidelidade inabalável de um caráter válido como modelo de ética. Acrescenta-se ainda o fato de o bambu ser oco, o que parece opor-se à força e corresponde ao ideal zen do "vazio interior" (*k'un*, em chinês, *ku*, em japonês). O bambu possui todas essas virtudes em forma simples e discreta, e não é de espantar que nos círculos zen se admirasse profundamente os seus valores éticos intrínsecos manifestados simbolicamente, assim como a retidão, a força, a simplicidade ou a pureza.

Assim também se compreende por que, o mais tardar a partir do século X, os abades zen na China e no Japão adornavam alguns aposentos de seus mosteiros com quadros representando bambus. O bambu representa as quatro estações como um dos "Quatro Nobres" (*ssu-chun-tzu*, em chinês; *shikunshi*, em japonês), junto com a flor da ameixeira, as orquídeas e os crisântemos. É como um dos "Três Puros" (*san-ch'ing*, em chinês, *sansei*, em japonês) junto às velhas árvores e rochas ou, segundo uma outra tradição, numa trilogia com a ameixeira em flor e a pedra — o bambu já fora associado às máximas éticas e estéticas elevadas desde a época de Su Tung-p'o (1036-1101), estadista, poeta, pintor e artista calígrafo. Isso explica as inscrições de Su e de seus amigos, em suas sempre repetidas e estimulantes meditações aprofundando-se no ser do bambu, até alcançar uma identificação mística. Essas noções caíram naturalmente sobre um solo especialmente fértil ao serem captadas pelos adeptos do Zen, e o grande número de versos e de inscrições pictóricas transmitidas pelos monges zen-budistas sobre o tema do bambu exprimem uma profunda compreensão e íntima apreciação.

O monge ch'an chinês Ch'ing-cho Cheng-ch'eng (1274-1340) começa seus versos sobre um quadro a nanquim, hoje preservado no Museu Nezu de Tóquio, intitulado "Rochas e Bambus ao Vento", com as seguintes frases:

"Como poderia a pureza das rochas
assemelhar-se à pureza do bambu?"

A palavra *ch'ing*, "pureza", que o autor insere em primeiro lugar no seu nome clerical, aparece não menos de cinco vezes nas quatro linhas

---

"Rochas e Bambus ao Vento." Inscrição de Ch'ing-cho Cheng-ch'eng (1274-1340), Nezu Art Museum, Tóquio.

石清何似竹之清
卻破風清畫力爭
人潛駛𥒾盆清氣
三月春匆筆端生

瞎龍山人清拙
堂題

poéticas. Isso enfatiza de modo sintomático a elevada valorização do ideal ético simbolizado no consciente de uma pessoa zen.

O tratamento artístico-pictórico das orquídeas *(Epidendrun)*, com suas folhas maleáveis, finas e longas e o aroma discreto e refinado de suas flores, não permanecem como monopólio da pintura efetuada pelos literatos. Ao contrário, não é um mero acaso o fato de alguns dos pintores de orquídeas mais famosos e capazes terem sido monges zen-budistas. Entre os chineses, Hsueh-ch'uang Pu-ming, falecido após 1349, cuja atividade se desenrolou no Yun-yen-ssu e no Ch'eng-t'ien-ssu, nas cercanias de Suchou; e, entre os japoneses, os abades influenciados pelo seu estilo foram Tesshu Tokusai (falecido em 1366) e Gyokuen Bompo (1348-1420). Mesmo se os críticos de arte conservadores, seus contemporâneos, classificavam os quadros de Hsueh-chang, no melhor dos casos, como uma decoração própria para aposentos nos mosteiros, a popularidade desse abade pintor ch'an deve ter sido muito grande pois, segundo outras fontes, cada lar em Suchou possuía uma orquídea pintada por ele.

As orquídeas que floresciam ocultas correspondiam originariamente ao símbolo da discreta elegância feminina, ao símbolo de alegria, da modéstia e da distinção. Na época Yuan (1279-1368), quando a China estava sob o jugo mongol, as orquídeas tornaram-se — principalmente entre os círculos artísticos e intelectuais — símbolo da lealdade à dinastia Sung, que fora derrubada. Tornou-se, assim, um símbolo da resistência clandestina política e espiritual — principalmente quando aparecia como linhas gráficas entrelaçadas sobre uma tela de fundo vazio, e não crescendo de um solo firme (usurpado pelos dominadores estrangeiros). Hsueh-ch'uang P'u-ming decerto interligava suas pinturas de orquídeas manifestamente, e em primeira linha, aos pensamentos budistas. Entre suas folhas, tantas vezes ordenadas em par, as mais altas eram os emblemas da linha da tradição espiritual Mahayana, "Folhas do Grande Veículo". As mais curtas correspondiam ao Hinayana: as "Folhas do Pequeno Veículo".

Entre os literatos e no clero zen, as imagens de plantas em diversos climas eram muito apreciadas, assim como as plantas ao vento, ao sol ou ao luar, na chuva ou na neve. O monge ch'an Hsi-sou Shao-t'an (ativo de 1249 até 1275), por exemplo, compôs versos cuja menção é encontrada no 6º Capítulo de suas "Obras Completas". O Mestre ch'an Yen-chi Kuang-wen (1189-1263), famoso pelas suas inúmeras inscrições pictóricas, acrescentou um verso de quatro linhas a um quadro de orquídea tradicionalmente atribuído a Yu-chien. A partir do século XIII, na China, e XIV, no Japão, a combinação de orquídeas com bambus, com arbustos espinhosos e pedras, faz parte do repertório normal dos pintores a nanquim orientados no sentido literário.

"Orquídeas e Pedras", de Tesshu Tokusai (falecido em 1366). Coleção Sanso, USA.

Legumes e Frutas

As imagens bem mais prosaicas de diversos legumes e frutas foram consideradas dignas exclusivamente na atmosfera monástica do Zen, contrastando com a pintura elegante dos bambus e orquídeas. Deparamo-nos com freqüência com o rabanete (*daikon*, em japonês) e com o nabo ou cenoura (*kabu*, em japonês) como figuras pictóricas independentes. Ambos constituem parte importante da alimentação nos mosteiros zen-budistas. Kigen Dogen, zeloso do severo cumprimento das regras monásticas, chama a atenção para o fato de o serviço cotidiano na cozinha do mosteiro ser tão importante quanto a meditação diária ou a leitura atenta dos Sutras. Ele enfatiza que já, há séculos, um dos mestres ch'an mais significativos teve o ofício de "Chefe de Cozinha" *(tenzo)*. Em seu *Tenzo-kyokun*, redigido em 1237, ele afirma que os legumes escolhidos para as refeições tinham um sabor muito semelhante ao do *Daigo*, um extrato leitoso fino e nutritivo, também usado como medicamento. Este valeria como estado semelhante ao ser búdico, do verdadeiro ensinamento ou do nirvana, denominado *Sarpirmanda*, em sânscrito:

"Ao escolher um simples legume para alimentar os monges, este torna-se idêntico ao sabor do *daigo*, se o mestre-cuca o preparou com a devida devoção à lei búdica. Do mesmo modo como todos os rios se interligam no grande mar puro da lei búdica, no fundo não há gosto nem de *daigo* nem de legumes, e sim apenas o sabor do grande mar ... E se nutrimos uma muda da orientação *(doge)* correta, zelando pela semente sagrada do Buda, mais ainda se assemelham os sabores do *daigo* e dos legumes, em nada se diferenciando. Isso deveria ser tomado a peito. Que se pense com firmeza que o legume nutre o sêmen do qual surge o Buda, e permite que cresça a muda da correta orientação. Por isso, não devemos julgar o legume como algo inferior, porém, devemos valorizá-lo. Aquele que quer conduzir (à verdade) no mundo dos homens e dos céus, deve ser capaz de instruir a humanidade com a ajuda de simples legumes."[30]

Diante de tal exigência, não é de estranhar que legumes e frutas, rabanetes e nabos, berinjelas e repolhos, caquis e castanhas, se tornassem temas dignos da arte zen. Também não é de estranhar que monges-pintores, como Mu-ch'i, Jonan Etetsu (1444-1507) ou Sesson Shukei (cerca de 1504-1589) os enquadrassem numa posição firme dentro de seu repertório iconográfico. Até os mais simples produtos da natureza contêm a essência dos ensinamentos búdicos — como Dogen bem o expõe —, transmitem um

"Rabanete", de Jonan Etetsu (1444-1507). Coleção Sansô, EUA.

"antegosto" sincero da derradeira verdade do Zen, convertidos em quadros a nanquim, transformados em metáfora visual. Nesse sentido, não se trata aqui, como a princípio se poderia estar propenso a pensar, de uma natureza morta despretensiosa e, sim, de um bem específico "Código de Transcendência" zen-budista, de um pragmatismo ascético e seco, contendo uma afirmação sóbria e direta.

Pássaros: O Galo, O Pardal, O Ganso Selvagem

Tudo o que acaba de ser dito também é válido para uma série de quadros de animais simples e aparentemente irrelevantes do ponto de vista religioso. Vale também no que concerne a inscrições artísticas nada pedantes nas quais, por um lado, os conceitos básicos da ética budista são expostos alegoricamente e, por outro, manifesta-se a compreensão da natureza espiritualizada inserida no Zen. O monge-pintor ch'an Lo-ch'uang deu uma interpretação não-cifrada à sua reprodução de um galo branco entre bambus, obra que se encontra no Museu Nacional de Tóquio. Esse artista trabalhou durante a segunda metade do século XIII em Liu-t'ung-ssu, no Lago do Oeste (Hsi-hu), próximo a Hangshou, portanto, no mesmo mosteiro dirigido por Mu-chi na condição de abade e por volta da mesma época. O galo, décimo componente do círculo de animais chineses, era, na China, desde épocas imemoriais, um dos principais representantes do princípio masculino yang. Venerava-se o galo branco como animal sagrado, detentor do poder de isolar as más influências. A cor de suas plumas era uma indicação inequívoca da pureza e da sinceridade de suas intenções.

Neste seu quadro a nanquim, Lo-ch'ung coloca o seu galo em destaque, deixando-o livre sobre um fundo homogêneo em seda cinza. Traços severos, enérgicos e decididos expressam o aspecto da cabeça do animal, levantada com orgulho, em seu perfil esquerdo. Seguindo os costumes tradicionais, o pintor escreveu seus versos em quatro linhas, em oposição à direção do olhar do galo, portanto, da esquerda para a direita. É evidente que ele não conferia à inscrição a condição de igualdade como integrante do próprio quadro. Todavia, na insignificância da sua composição, a inscrição subordinava-se à interpretação, destinada à compreensão da figura e estava a seu serviço:

"Seus sentidos estão atentos ao início da quinta vigília noturna.
Ele zela por suas cinco virtudes, profunda e misteriosamente ocultas.
Levantando os olhos, espera o momento do amanhecer.
O leste já se envolve num tênue colorido."

Lo-ch'uang

A primeira, terceira e quarta linhas assinalam o ambiente noturno. À espera do amanhecer, o galo se encontra nas suas tarefas diárias, como chefe responsável pelo seu bando. E o faz — como afirma a terceira linha — tendo presente suas cinco virtudes. Um antigo comentário que esclarece os fundamentos morais do clássico "Livro dos Cantos", *Shih-ching*, o *Han-shih wai-chuan* de Han Ying (por volta de 135 a.C.), afirma que o galo se caracteriza principalmente por cinco virtudes: sua crista em forma de pente simboliza a erudição literária *(wen)*; as esporas sublinham o espírito guerreiro *(wu)*; sua temeridade e valentia denotam a coragem *(yung)*; seu canto ao encontrar alimento assinala a benevolência abnegada *(jen)*; e seu instinto preciso e responsável no que diz respeito ao horário e à pontualidade comprova sua confiabilidade *(hsin)*.

Essas cinco virtudes encarnadas pelo galo, no conceito dos chineses eruditos desde a remota época Han, sem dúvida familiares ao pintor e autor Lo-ch'uang num contexto ético, podem adaptar-se no mais amplo sentido a uma pessoa nobre. Aqui, porém, traduzidas pelo quadro de um monge zen-budista, elas cunham a figura de um abade ch'an exemplar. A vida no mosteiro começa às quatro da madrugada, isto é, na quinta hora da vigília noturna. Zelando pelas suas cinco virtudes nesse momento anterior ao raiar do dia, os pensamentos do abade estão voltados para o bem-estar dos monges que lhe foram confiados. Nessa obra, talvez a única preservada de Lo-ch'uang, parece-nos que, com a ajuda de um parâmetro já estabelecido, princípios fundamentais da ética zen-budista foram recordados. O galo branco transcende esse conceito, lembrando o Buda histórico Shakyamuni que, ao soar a quinta vigília noturna, ao vislumbrar a estrela da manhã cintilante no céu do leste, vivenciou sua Grande Iluminação (o "Momento do Amanhecer"), experiência visada por todas as meditações e aspirações zen-budistas.

Uma "Elegia a um Pardal Morto", obra de 1453, de autoria de Ikkyu Sojun (1394-1481), que se encontra no Hatakeyama Kinenkan de Tóquio, é um comovente testemunho da fé na revelação do absoluto em forma simples e da carinhosa propensão pelos verdadeiros representantes mais comuns da natureza. Em seu "Réquiem", o excêntrico monge zen refere-se ao pássaro como a um aluno que alcançou a iluminação, conferindo-lhe um nome de crisma, segundo o costume zen-budista. Compara a sua morte de modo eufemístico com a dissolução do Buda no Nirvana:

"Certa vez, criei um pequeno pardal, e eu o amava muito. Certo dia ele morreu, e senti a profunda dor da tristeza. Sepultei-o, então, com todas as cerimônias devidas a um ser humano. A princípio eu o havia chamado *Jaku-jisha* ('Servo de Pardal'). Mais tarde, porém, mudei este

nome para *Shaku-jicha* ('Servo de Shakyamuni'). Finalmente, lhe conferi o nome budista de crisma *Sonrin* ('Bosque Sagrado') e o testemunho no seguinte *Gatha:*

Seu corpo brilhante e dourado, de 16 pés de comprimento.
As duas árvores Sal da manhã de seu último Nirvana.
Livre, desapegado do círculo herético do Samsara,
Primavera das mil montanhas, das dez mil árvores e das cem flores."
1453, 8? mês, 19? dia. Kyounshi Sojun

Encontramos também comparações metafóricas com figuras centrais na sucessão do Buda histórico Shakyamuni, num quadro que infelizmente foi danificado, pintado pelo monge e pintor zen Ue Gukei, que trabalhou em Kamakura entre 1361 e 1375. Ele era aluno de Tesshu Tokusai. A pequena e primorosa pintura, assinada embaixo à direita, pertencente ao Daijiji da prefeitura de Kumamoto, tem uma inscrição, que se lê da esquerda para a direita, do oitavo abade residente nesse mosteiro, Ten'an Kaigi, falecido em 1361:

"Os pardais de Kashyapa aproximam-se, voando.
O dragão de Maudgalyayana ruge, arrebatado.
O menino sagrado está sentado no pequeno bosque.
Quem abre um castelo ao Bodhisattva?"

Tenan

Kashyapa (que passou a chamar-se Maha-Kashyapa após sua iluminação) e Maudgalyayana estão entre os Dez Grandes Discípulos do Buda histórico. Este último tornou-se famoso na transmissão budista pela sua força espiritual e pelo seu domínio de forças sobrenaturais. Kashyapa é conhecido pela sua muda compreensão do núcleo dos ensinamentos do Buda; ele o comprovou a Shakyamuni por um sorriso, quando este respondeu a uma pergunta fundamental feita pelos ouvintes sobre o credo, mostrando apenas uma simples flor, sem nenhum outro comentário.

Os pardais eram, sem dúvida, um dos temas preferidos entre os monges zen-budistas, pois seus pequenos amigos de plumas encarnavam, em sua liberdade descontraída e pela sua alegria de vida, aquele ideal de desapego das correntes da manifestação almejada pelos adeptos do Zen. Mesmo quando nenhuma inscrição pictórica o indica expressamente, parece-nos

"Pardal e Bambus", de Kao (primeira metade do século XIV), Yamato Bunkakan, Nara.

que a maioria dos quadros de pardais devem ser vistos sob esse ângulo intencionalmente religioso do artista. Não é por acaso que, no Japão, os quadros despretensiosos desse tipo gozam de um prestígio todo especial entre os adeptos da Cerimônia do Chá que, em última análise, surgiu dos mosteiros zen.

Pode-se remontar até as tradições mais antigas da Índia budista ao encontro das raízes para a escolha do búfalo aquático e de seu pastor, na parábola zen mencionada atrás. Um Sutra Hinayana descreve onze maneiras de vigiar o gado, e os compara com os diversos deveres de um monge budista.

Representações de gansos selvagens, que desde o final do século X foram populares na China, junto com os alagados cobertos de caniços, foram objeto de uma faceta de compreensão religiosa semelhante nos círculos zen medievais da China e do Japão. Os gansos selvagens, expostos em quatro de seus movimentos fundamentais — isto é em vôo *(hi)*, emitindo seu grasnido *(myo)*, dormindo *(shuku)* ou ingerindo alimentos *(shoku)* — foram objeto de uma analogia com as "Quatro Posturas Dignas" *(ssu-wei-i,* em chinês, *shi-igi,* em japonês). Na disciplina monástica, são elas: o correto andar *(gyo)*, o modo correto de permanecer de pé *(ju)*, a postura correta de sentar-se *(za)* e o modo apropriado de se deitar. Mesmo se esses aspectos não permitem o traçado de um paralelo exato, suas interações ultrapassam uma identidade puramente numérica. Não está muito claro se esses ciclos de gansos selvagens foram desde os seus primórdios elaborados com intenções simbólicas, ou se foram os mestres zen dos séculos XIII e XIV que lhes atribuíram esse valor paradigmático.

A segunda parte do *Kundaikan sayuchoki*, tratado compilado ao final do século XV para a coleção de arte chinesa do xogunato, descreve o modo como as obras de arte devem ser ordenadas no salão de recepção oficial *(za-shiki)* da residência Ashikaga. Num esboço dessa obra, se reconhecem quatro rolos pendentes na parede destinada ao *Tokonoma*, ordenados da direita para a esquerda. Contêm imagens de gansos selvagens — voando, grasnando, dormindo ou comendo entre os juncos. Esta composição que salta à vista, apreendendo o ganso selvagem em quatro posturas típicas da vida, certamente não é uma coincidência. A indicação implícita, nessa época supostamente compreensível para todos, sugere uma disciplina monástica exemplar, e deve ter servido para exortar. Deve ter estimulado tanto os monges como os irmãos leigos em trânsito na residência dos xoguns Ashikaga amigos do Zen, a cumprirem as suas tarefas.

Representações de gansos selvagens desse tipo foram abertamente elaboradas e penduradas, na intenção de incentivar e de exortar, portanto, não apenas por motivos meramente decorativos. Isso também explica por que inúmeros aposentos dos mosteiros zen chineses e japoneses são ornamentados com esse tema iconográfico. Documentação a este respeito não é encontrada apenas na literatura, mas também nos rolos de quadros em diagonal ou *Emaki*, da época medieval, ou eventualmente no 12º rolo do *Genjo-Sanzo-e*, elaborado no início do século XIV. Este se encontra no Fujita Bijutsukan de Osaka, na biografia ilustrada do famoso monge T'ang chinês, Hsuan-tsang (603-664).

Ainda hoje encontramos com freqüência representações de gansos selvagens e de alagados cobertos de caniços pintados sobre portas corrediças *(fusuma)* ou em biombos *(byobu)* nos mosteiros zen do Japão. De início só podemos fazer conjecturas quando defrontados com o porquê da escolha justamente de gansos selvagens como símbolo da disciplina monástica. Na China, os gansos selvagens por certo foram admirados pela precisão de seu instinto no que concerne ao momento e ao lugar de sua migração, pela sua ordenação de vôo extremamente disciplinada e pela fidelidade entre os seus casais. A etologia ressaltou a fidelidade exemplar entre os parceiros como uma das mais notáveis características dos anatídeos. Graças à intimidade dos homens com a natureza e devido a um dom de observação etológico que foi se perdendo na nossa consciência — com as amplas implicações que esse fato encerra —, os gansos são tidos na China, há séculos, como símbolo da mais sincera fidelidade matrimonial.

Finalmente, o ganso selvagem é mostrado na literatura e na história chinesas como um meio de comunicação confiável. Nas fontes budistas, encontramo-los de vez em quando como motivo dos *koan* zen-budistas, porém esses trechos não elucidam a nossa questão. Entretanto, outros rudimentos para este esclarecimento nos são fornecidos por um antigo conto indiano a respeito de gansos selvagens. Essa lenda foi introduzida na literatura elucidativa e moralizante do Budismo, onde é aperfeiçoada no sentido da ética budista. Sem entrar na variação dos detalhes de adorno literário de suas versões individuais, pode-se apresentar a seguinte síntese do conteúdo desse conto:

Numa de suas vidas anteriores, o Buda Shakyamuni era rei dos gansos selvagens. Certo dia, ele voou em bando desde a montanha Citrakuta até um maravilhoso lago muito famoso nas redondezas de Benares. Então o rei dos gansos caiu numa armadilha, e uma de suas pernas ficou presa. Ele esperou que todo o seu bando tivesse se alimentado bem e, então, diante de seu grito de alerta, todos os gansos selvagens, muito assustados, voaram para longe.

Somente o seu fiel comandante Samukka, uma encarnação de Ananda, discípulo de Buda, permaneceu ao lado de seu senhor, apesar dos insistentes pedidos deste para deixá-lo. Quando o armador da cilada chegou, constatou, muito surpreso, que só um dos gansos selvagens estava preso. Profundamente impressionado, ele libertou o rei dos gansos, após haver recebido de Samukka essa lição sobre a virtude da fidelidade a um amigo e de lealdade para com o seu senhor. Os dois pássaros resolveram levar o armador de ciladas até o rei de Benares, a quem ele servia, para lhe agradecer e recompensá-lo pela sua ação generosa. O rei ouviu a emocionante história com muita admiração, e recompensou generosamente ao armador de ciladas. Após haver transmitido a sua lição ao rei de Benares e de haver discutido com ele a respeito da lei do correto proceder, o rei dos gansos selvagens regressou com Samukka à montanha Citrakuta, para junto de seus súditos.

Conhecemos as chamadas *Hamsa-Jataka* dos afrescos dos séculos V e VI nas cavernas dos mosteiros de Ajanta, na Índia (grutas II e XVII) e também por meio de quatro auto-relevos extraordinários em Borobudur, no centro de Java, por volta do ano 800. Seria perfeitamente plausível que essa lenda a respeito de uma das existências anteriores do Buda tivesse dado o impulso inicial à alegoria do ganso selvagem, tão valorizada nos círculos zen medievais da China e do Japão. Pois, afinal, aqui simplesmente se encontram os protótipos da ordem monástica budista, que dignificam o conceito do fundador religioso histórico Shakyamuni e também um de seus dois primeiros discípulos, Ananda, na forma de gansos selvagens. O conto valoriza igualmente o correto proceder monástico em cada situação da vida, como símbolo da ética budista.

O eminente monge zen japonês Tesshu Tokusai debruçou-se sobre o tema do ganso selvagem com toda a intensidade, evidentemente como reflexo de sua mais íntima convicção e de suas próprias máximas éticas, pois sua vida foi cunhada pela rigorosa cultura e disciplina monástica. Ele estava imbuído de suas tarefas intelectuais e artísticas. Seu interesse na pintura dirigia-se quase que exclusivamente a temas aparentemente mundanos. Além de bambus e orquídeas, ele também pintava macacos e búfalos aquáticos. Tesshu Tokusai, educado por Muso Soseki (1275-1351) em Kyoto e formado na China durante a década de 30 do século XIV, assumiu a cadeira de abade em 1362 no Manjuji, um dos mais importantes mosteiros zen de Kyoto. Ele faleceu quatro anos depois em Ryuko-in, um pequeno templo filiado ao Tenryuji. Sua obra literária, intitulada *Embushu,* contém um poema em honra de um ganso selvagem morto. Está cheio de um profundo afeto em relação à criatura desamparada, semelhante ao "Réquiem" de Ikkyu, consagrado a seu pardal de nome *Sourin.* O poema intitula-se "Tristeza Decorrente da Morte de um Ganso Selvagem":

"Há muito tempo, cavei um lago e plantei junco para ti,
Temendo constantemente que pudesses ser mordido por uma
raposa e morrer.
Como lamento que tenhas passado a vida esquivando-te
das flechas dos caçadores
Só para abandonar-me agora, porém, não como um emissário,
levando uma carta minha.
Eu poderia ter feito amizade com pássaros populares, mas
disponho de pouco tempo para eles.
Poderia falar com papagaios, mas não tenho interesse em sua
tagarelice.
Rezo para que renasças como pássaro no lago do oeste
(do Buda Amithaba)
E que lá possas esperar-me, limpando as penas verdes de tua
roupagem."

Numa de suas melhores obras, um par de rolos pintados a nanquim
sobre seda que se encontra no Metropolitan Museum of Art de Nova
York, Tesshu Tokusai reúne os quatro aspectos do ganso selvagem, cada
qual em um quadro. Vinte e cinco gansos aparecem nessas composições,
seis deles em vôo, e os restantes concentrados em grupos sobre bancos de
areia, comendo diligentemente ou dormindo, indiferentes, ou então com
as cabeças levantadas, lançando seu grasnado. Por um lado, as imagens
são permeadas pelo pulsar da vida, inquieta e ativa, apesar da precaução
perceptível na sua execução e de uma inclinação acentuada para a repeti-
ção. Por outro lado, elas respiram o fluido do abandono e do frio do final
do outono, sugerido sobretudo pelos juncos ressequidos e pontiagudos
esvoaçando ao vento, que Tesshu trabalhou com pinceladas salpicadas,
executadas de modo cortante, criando um efeito quase agressivo. Ambos
os rolos têm o selo do artista, impresso na borda direita do quadrado.
Um dos quadros tem ainda uma inscrição curta, que infelizmente não
foi preservada na sua íntegra, dedicada pelo artista a um amigo chinês.
Dois rolos que, em sua origem, decerto formavam um par e que hoje,
devido a uma nova montagem, são levemente diferentes na medida, pertencentes a uma coleção particular japonesa desde o início do século
XIV, constam entre as mais antigas representações conhecidas. Mostram
as imagens dos gansos selvagens entre os juncos, comparando seus quatro
aspectos básicos com a ação correta de um monge zen. No quadro à

Referente às págs. 120 e 121: *"Gansos Selvagens e Juncos." Inscrição de I-shan
I-ning (1247-1317). Coleção particular, Japão.*

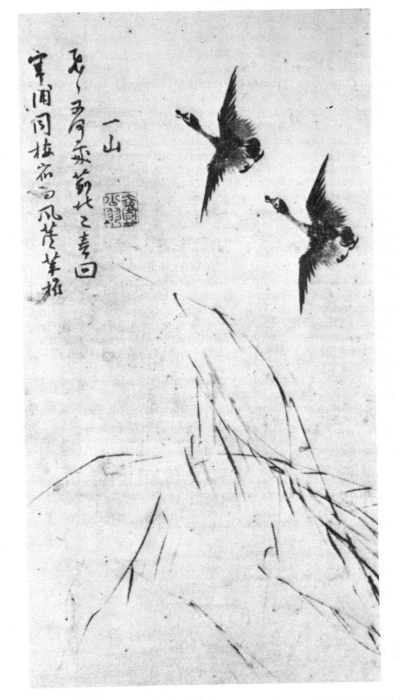

esquerda, há três gansos agachados, muito próximos um ao outro, sobre uma faixa de terra: o da frente está comendo, o do meio dorme e o de trás levanta o pescoço, grasnando para o alto. Dois gansos sobrevoam os juncos fustigados pelo vento e pela chuva, no rolo à direita. Os poemas escritos nas bordas dos quadros provêm do mestre chinês I-shan I-ning (1247-1317), que trabalhou até a morte, no Japão, onde era muito respeitado nos círculos clericais, intelectuais e políticos. Inúmeras pinturas com inscrições de seu punho foram preservadas no Japão. Por intermédio desses dois versos quádruplos (escritos em duas linhas verticais), o monge altamente erudito transmite a atmosfera do irromper do inverno e a saudade dos dias claros do outono entrelaçados, no Hsiao e Hsiang. Esses dois rios da província de Hunan, ao sul da China, desembocam no lago Tung-t'ing; são famosos pelo encanto de suas paisagens e muito celebrados. Os gansos selvagens refugiavam-se nessa região durante o inverno. Por isso supõe-se que as imagens dos gansos selvagens e dos juncos tiveram seu ponto de partida aqui, nas províncias de Hunan e de Chekiang. O tema já fora tratado de modo independente desde fins do século X e, em sua intenção original, expressa um sentimento melancólico. Sua divulgação no decorrer do século XI foi associada ao nome do pintor da corte, Ts'ui-Po, ao monge-pintor Hui-ch'ung e ao sucessor imperial Chao Tsung-han. Evoca pensamentos a respeito da destruição de inúmeras plantas e gramas, devido ao frio do inverno, lembra a mutação das estações e as mudanças relativas a elas, do espaço vital de muitos pássaros, o ritmo incessante da natureza, suscita o transitório e a despedida. Todavia, evoca também a vida germinando novamente, o regresso e o reencontro.

Essas idéias suscitaram quase que compulsoriamente o interesse dos literatos Sung do norte. Um poema composto pelo famoso Su T'ung-p'o (1036-1101), ao deparar-se com um quadro de Hui-ch'ung retratando gansos selvagens e juncos, diz o seguinte:

> " 'Juncos e Gansos Selvagens' no nevoeiro e na chuva de Hui-ch'ung
> induzem-me a sentar às margens do Hsiao, do Hsiang e do lago
> T'ung-T'ing.
> Despertam a minha vontade de alugar uma canoa,
> e com ela voltar ao lar.
> Como diziam os antigos, e com razão,
> isto é o que um quadro deve transmitir."

A Paisagem: Oito Ilustrações dos Rios Hsiao e Hsiang

Sob este ângulo visual, cunhado pela mera impressão da imagem literária, as mais freqüentes representações de gansos selvagens e de juncos também se encontram numa das "Oito Ilustrações do Hsiao e do Hsiang". Intitulam-se "Gansos Selvagens Pousando Sobre Bancos Rasos de Areia": As primeiras séries do denominado *Hsiao-Hsiang pa-ching (shosho hakkei*, em japonês) provavelmente foram pintadas por Sung Ti, por volta de 1015-1080. Ao que tudo indica, no decorrer do final do século XI, também foram formulados os títulos dos aspectos individuais, em suas versões depois válidas: "Velas Regressando às Margens Longínquas", "Aldeia da Montanha no Nevoeiro Claro", "Neve sobre o Rio ao Entardecer", "A Lua do Outono sobre o Lago Tung-t'ing", "O Hsiao e o Hsiang sob a chuva noturna", "Sinos de um Templo Longínquo ao Anoitecer" e "Pôr-do-Sol Ardente sobre a Aldeia de Pescadores" — além do já mencionado "Gansos Selvagens Pousando Sobre Bancos Rasos de Areia".

O tema dos rios Hsiao e Hsiang remonta, sem dúvida, à época T'ang. O celebrado poeta Tu Fu (712-770), atuando como juiz a respeito de um verso premiado redigido a mão sobre um novo biombo por um pintor amador chamado Liu, vislumbra a possibilidade de que se trata de uma representação dos dois famosos rios:

"Ouvi dizer que primeiro pintaste paisagens da tua região, e que agora cedes à tua tendência de pintar paisagens interessantes e idealizadas. . . O espírito e a sensibilidade se satisfazem diante deste quadro, e pode-se constatar que te dedicaste com grande fervor à pintura sobre seda. . . Se este quadro não retrata uma parte do rochoso rio Hsuan-p'u no K'un-lun, talvez tenha sido inspirado na região dos rios Hsiao e Hsiang. . ."[31]

Paisagens desse tipo, repletas de poesia, cuja fisionomia fora cunhada com base em impressões atmosféricas sob influências climáticas, ou sob condicionamentos do momento, devem ter exercido um fascínio particular aos olhos e ao espírito do homem zen. Pois nelas a natureza manifestava-se em sua movimentada multiplicidade, em seu todo inesgotável e, ao mesmo tempo, em sua serenidade atemporal. Eram paisagens evocativas da experiência do próprio ser. A partir delas, o observador podia mergulhar numa visão enlevada, nas quais lhe era conferida uma intensa vivência da infinitude da natureza, de sua abundância vital e de seu ininterrupto fluir na corrente do futuro.

Uma das mais belas paisagens a nanquim de todos os tempos surgiu desse desejo e dessa necessidade, pouco antes de 1170. Trata-se de um rolo de mais de quatro metros de comprimento intitulado "Viagem Onírica ao Hsiao e ao Hsiang" *(Hsiao-Hsiang wo-yu T'u)*, que se encontra no Museu Nacional de Tóquio. De acordo ao colofon datado de 1170-71, o monge ch'an Yun-ku Yuan-chao, habitante da região de Wu-hsing (Chekiang), de quem não se tem dados precisos, encomendou o quadro ao pintor de nome Li, proveniente de Shu-ch'eng (Anhui). E o fez porque, em suas inúmeras viagens no decorrer de trinta anos, ele nunca pudera ver os dois famosos rios. Em sua velhice, queria pelo menos "viajar [para lá] deitado" *(wo-yu)*.

Um panorama montanhoso com um amplo rio descortina-se diante dos olhos do observador, em tons de um cinza aguado, suavemente escorrido. O fundo de papel sem pintura assume uma função fundamental como componente integrador de todo o quadro, que sugere superfícies aquáticas espalhadas, desfiladeiros encobertos por névoas e vales tão amplos como o céu. A suavidade aveludada do tratamento pictórico, carregada de um nanquim ricamente modulado, resulta numa atmosfera homogênea, em que todas as unidades se fundem. Ao mesmo tempo, essa suavidade determina o ritmo do movimento pictórico, da direita para a esquerda, apoiado em sobretransições que deslizam e sobre limitações espaciais. Nenhuma de suas partes denota cortes abruptos que levam à estagnação. O pintor renuncia quase que por completo aos contornos firmes e às estruturas lineares precisas e descritivas. Ele só utiliza um fino e discreto desenho linear para insinuar algumas construções, pontes, barcos ou figuras humanas. Entretanto, essa nebulosidade indeterminada não é de modo algum amorfa.

Se aumentássemos um pedaço preferido dessa representação paisagística, as camadas isoladas a nanquim desta parte escorridas de leve e atuando intimamente em conjunto com o fundo vazio, talvez já não representassem mais nada de concreto a respeito do objeto retratado, porém, surgiria com mais força a espontaneidade do próprio ato de criação e, através dele, a sensibilidade espiritual do artista. Diante dessa paisagem de sonho encantado, com sua dimensão impalpável e quase infinita, não deve ter sido difícil para o monge ch'an Yun-ku satisfazer seu desejo de viajar em sua própria casa. Ele transpôs espiritualmente uma centena de milhas, a fim de ser totalmente absorvido pelo sentimento de prazer, ao deparar-se com a tão ansiada visão dos rios Hsiao e Hsiang!

Um monge ch'an chinês do século XVI descreve quão surpreendentemente próximos se encontram o real e o irreal. No Zen, a supressão desses limites foi apreendida como constatação da intuição iluminadora no verdadeiro ser das coisas. Numa carta a um amigo, ele escreve:

"Certa vez, em minha juventude (384-414), ao encontrar-me nas proximidades de Seng-chao, li as seguintes frases: Até os furacões que desenraízam as montanhas são, na realidade, tranqüilos; e os rios, que rugem em suas correntezas, não fluem; e o ar quente sobre os lagos da primavera não se mexe; e o sol e a lua, que seguem o seu curso, não circulam." Durante muitos anos, duvidei dessas palavras. Até que, certa vez, passei um inverno em P'u-tang, junto ao mestre Miao-feng. Preparávamos uma nova tarefa (concernente à obra de Seng-chao) e eu lia as correções. Ao chegar a essas frases, o reconhecimento de seu significado detonou de súbito em mim como um clarão. Senti uma alegria ilimitada! Dei um salto e joguei-me aos pés da imagem do Buda, mas o meu corpo continuou milagrosamente imóvel. Levantei a cortina que servia de porta e caminhei para fora, para olhar à minha volta. Uma lufada de vento sacudiu as árvores do jardim e as folhas, ao caírem, giravam ao vento. Porém, em minha imaginação, nem uma única folha se movia. Então eu soube verdadeiramente que a tempestade que arranca montanhas é, de fato, totalmente imóvel.[32]

Há uma afirmação em grande parte específica das interpretações do tema tradicional das "Oito Paisagens do Hsiao e do Hsiang", atribuída aos pintores e monges Mu-ch'i e Yu-chien, ao final da dinastia Sung, que diz:

"O caráter de flutuação é que parece revelar a origem e a procedência do que faz voltar o determinado ao indeterminado, o que tem forma ao amorfo, tornando-os visíveis."[33]

Algumas inscrições de ambos os ciclos foram preservadas no Japão. Quadros altamente sugestivos foram criados por intermédio de progressivas alterações e polimentos da estrutura formal, por filtragens e reduções dos objetos pictóricos, e também por alusões quase que estenográficas. Estas incitavam a uma colaboração ativa e inspiravam a fantasia de modo direto. Nessa pintura, resta o que é absolutamente necessário, porém o efeito do esboço dessas obras nada tem a ver com os nossos conceitos de esboço. Ao contrário, temos à nossa frente o resultado definitivo de um processo de concentração espiritual, de formulação espontânea.

Para Mu-ch'i e Yu-chien, assim como para os pintores japoneses da época Muromachi que trabalharam como seus sucessores (1336-1573), não se tratava verdadeiramente da reprodução exata da realidade. Interessava-lhes o alcance do movimento vital interno inerente às coisas e às suas essências. Importava-lhes a tranqüila observação do "eco da força vital", para formulá-la de acordo com o conceito clássico da antiga teoria artística chinesa.

Shigajiku: Rolos com Poemas e Pinturas

Desde o século XIV, a pintura de paisagens no Japão encontrava-se nas mãos dos mestres zen-budistas, sob forte influência chinesa. Além da temática clássica do Hsiao e do Hsiang, as representações de paisagens nas diferentes estações *(shiki sansui-zu)* eram as que tinham maior repercussão entre os adeptos do Zen. Seu esforço em conferir uma expressão artística convincente e o mais abrangente possível à sua cultura e erudição, assim como a seu bom-gosto e a seus interesses comuns, conduziram-nos para um gênero de quadros que favoreciam um rompimento. Eles os denominavam "Rolos Contendo Poemas e Pinturas" — *Shigajiku* — e surgiram durante a primeira metade do século XV. As inscrições poéticas pintadas sobre alguns rolos estreitos e extremamente altos dominavam tanto as inscrições poéticas do ponto de vista visual que as pinturas da parte inferior pareciam totalmente irrelevantes. Em primeiro lugar, trata-se aqui de documentar o convívio de amigos de índole semelhante, e de registrar o encontro literário dos chamados *Bunjinso,* ou o círculo iniciado dos "monges literatos", como eles se formaram eventualmente ao redor dos grandes mosteiros zen. Em segundo lugar, davam ênfase ao atrativo do jogo, interligando a arte da caligrafia à pintura, a interação de figuras e imagens, de pincéis com o nanquim e com o papel. Essas obras de arte integrais tinham um valor afetivo todo especial para seus proprietários, pois eram entregues principalmente aos monges zen como presentes de despedida, ou como testemunho estimulante de grupos de amigos. Esses quadros geralmente representavam um casebre, uma ermida ou um pavilhão às margens de um lago ou rio, na solidão das montanhas. Não se tratava, porém, de montanhas familiares, oriundas das redondezas de sua terra natal, e sim pertencentes ao cenário paisagístico distante e idealizado da China. Essas paisagens eram desconhecidas da maioria dos monges zen que, nunca as tendo visto pessoalmente, tanto melhor as conheciam através da literatura e da pintura. Esse tipo de *Shigajiku* denominados *Shosaizu,* "Quadros de um Estúdio de Calígrafos", não eram reproduções de uma determinada construção num lugar específico, definido de modo inequívoco. Muito pelo contrário, o homem imbuído do espírito zen visualizava uma dessas solitárias ermidas de reunião de literatos como um local

Fragmento do rolo manual intitulado "Viagem Onírica ao Hsiao e ao Hsiang", de autoria de Li, habitante de Shu-ch'eng (obra pintada por volta de 1170). Museu Nacional de Tóquio.

ideal para a realização de seu próprio ser. Para poder fugir por um momento, ao menos espiritualmente, da vida monástica inserida no mundo agitado de uma grande cidade, esse homem imbuído do Zen pendurava um *Shosaizu* em seu estúdio particular, com a intenção de projetar no quadro seus pensamentos e seu desejo de quietude e de solidão.

A introdução a um destes primeiros *Shosaizu*, elaborada em 1413, está guardada no Konchi-in do Nanzenji, nos arredores de Kyoto, num rolo tradicionalmente atribuído a Mincho (1352-1431), intitulado *Keiin-shochiku*, "Casebres Ocultos ao Lado do Riacho da Montanha". Nessa introdução, o monge zen Taihaku Shingen escreveu, dois anos antes de sua morte, que o mosteiro tornara-se um lugar barulhento e nocivo, porém que era preciso enfrentar os ruídos do mercado com um coração tão sereno como a água. Por isso, um quadro como aquele seria uma "pintura para o coração". Seis contemporâneos proeminentes do clero zen de Kyoto, comprometidos com a literatura — entre eles Daigaku Shusu (1345-1423) e Gyokuen Bompo (1348-1423) —, redigiram inscrições em versos. Essa caligrafia, do mesmo modo como a própria imagem, orientava-se em seu conteúdo e em sua mensagem para as tradições chinesas.

"Ermida às Margens do Riacho na Montanha", obra atribuída a Kichizan Mincho (1352-1431), datada de 1413. Konchi-in, Nanzenji, Kyoto.

A Pintura a Serviço do Zen:
Suas Tarefas e Funções

Os maravilhosos ornamentos dos santuários e os objetos budistas no leste asiático fazem parte das funções primordiais de sua arte sacra *Chuang-yen* ou *Shogon*, a "Sacralização Através do Esplendor", era uma das mais agradáveis funções dos quadros religiosos: a de espalhar a beleza das figuras de bem-aventurança com suas esferas numinosas ante os olhos dos fiéis. Mantinham assim, em seus corações, a presença do sagrado. A pintura budista podia tornar-se o ponto de cristalização do respeito e da homenagem, como imagem do culto no ritual. Podia servir como base para o acesso à transcendência, ou tornar-se uma valiosa oferta ou uma dádiva consagrada.

Um quadro zen, ao contrário, nunca tem a função de estabelecer contatos eficazes entre o objeto de culto e aquele que o cultua através de caracteres reais, evocados de modo mágico. Suas funções limitam-se a uns poucos aspectos básicos: em primeiro lugar, podem servir como imagem comemorativa, como advertência ou como imagem de incentivo construtivo, assim como documento de um grupo espiritual ou de um grupo amigo. Pode servir também como símbolo de valores ético-morais e, finalmente, como expressão geral do enfoque do mundo zen-budista.

É uma escola à procura do libertar-se das amarras dos severos rituais ortodoxos, de seus dogmas e de sua iconografia. Em vez disso, ela coloca em primeiro plano a vida e a personalidade de seus fundadores religiosos e de seus excelentes patriarcas, assim como estimula a transmissão do verdadeiro ensinamento de "alma para alma". É natural que uma escola como essa festeje de modo especial os episódios relevantes da vida de seus antepassados. Os quadros de patriarcas que porventura representem primordialmente os ciclos de figuras básicas zen-budistas, que se sucedem de geração em geração, ou que representem mestres de uma escola ou abades de um mosteiro, lembram a comunidade zen de sua função como portadores da tradição e, ao mesmo tempo, recordem a sua herança espiritual. Preenchem a função de imagens mnemônicas e de devoção. São pendurados na sala dos doadores ou, então, sobre o altar da sala de estudos durante as festividades dos memoriais, nos principais dias de festas zen-budistas, como, por exemplo, por ocasião do *K'ai-shan-chi (kaisan-ki.* em japonês), o "Dia Memorial dos Mortos, em Honra dos que Abrem as Montanhas", no aniversário de morte dos fundadores de templos.

No caso do Buda histórico Shakyamuni, além da data de seu aniversário e morte, há ainda o terceiro dia festivo da maior importância do ano religioso: o oitavo dia do último mês *(la-pa*, em chinês, *rohachi*, em japonês). Este é o dia em que, diante da estrela da manhã, Shakyamuni experimentou o irromper da iluminação. Motivado por essa ocorrência de bem-aventurança, há nos mosteiros zen uma sessão de meditação que dura sete dias. Essa prática é conhecida no Zen japonês como *Rohachi-sesshin*, e termina com a recitação do hino da "Grande Compaixão" *(daihi)* diante de uma imagem do Buda regressando das montanhas, denominada *Shussan Shaka-zu*.

O quinto dia do décimo mês é dedicado à memória do Bodhidharma, o primeiro patriarca ch'an na·China. Suas imagens e os quadros que relatam a respeito de sua vida adornam nesse dia as salas dos mosteiros zen. A função de um quadro comemorativo também preenche aqueles retratos zen que, logo após a morte de um grande sacerdote, foram elaborados ainda totalmente sob a impressão de sua personalidade. Esses quadros eram carregados nas cerimônias e nas procissões fúnebres. A comunidade monástica do Nanzenji, em Kyoto, festejou o terceiro dia da morte do tão respeitado mestre zen chinês I-shan I-ning (1247-1317) no 24º dia do nono mês do ano de 1320. As comemorações se iniciaram com uma cerimônia religiosa festiva solene. Um dos participantes, o ex-imperador Go-Uda (1267-1324), escreveu de próprio punho uma nota elogiosa sobre o quadro do abade utilizado durante a cerimônia. No decorrer de sua vida, o governante que abdicou o trono em 1287 havia dedicado sua confiança ilimitada a I-shan I-ning, assim como também o seu incentivo e respeito. A cerimônia de iniciação para o ingresso de um adepto do Zen no mosteiro era muito mais um momento de festa religiosa particular entre amigos simpatizantes em seu círculo mais íntimo do que um culto de caráter oficial. Nessas ocasiões, também eram por vezes desenrolados retratos de eminentes mestres zen.

Sabemos que o xogum Yoshimitzu (1358-1408), do clã dos Ashikaga, ingressou na condição monástica, em 1395, diante de um quadro do tão admirado e politicamente influente abade fundador do Tenryuji, Muso Soseki (1275-1351). Yoshimitzu recebeu a tonsura sentado e convidou os amigos presentes, os nobres e os altos mandatários militares a seguirem o seu exemplo.

Os *Chinso,* ou quadros pintados durante o decorrer da vida do mestre zen retratado, preenchiam uma dupla tarefa, em sentido estrito. Era um meio de ajuda zen que o destinatário pendurava em sua cela, e que lhe servia de modelo, com o qual podia comunicar-se espiritualmente, mesmo durante a sua ausência. Por outro lado, o retrato de um mestre zen nas mãos de um de seus discípulos documentava a prova e a legalização da legítima sucessão deste nos ensinamentos. Nesse caso, o quadro assumia a função de um *Yin-k'o* ou *Inka,* um documento que provava que se alcançara o mestrado.

Nas diversas espécies de pintura zen-budista, já mencionamos a tarefa de fornecer modelos exemplares ao adepto zen como apoio a seus próprios esforços, funcionando como guia. Resta-nos aqui mencionar apenas a função secundária e decorativa de certas obras que adornam os aposentos de um mosteiro, na forma de portas corrediças ou biombos. Os "Quadros do Chá" *(cha-gake)* também formam o ponto de condensação estética de uma cultura e de um modo de vida refinado, impregnada do ideal da simplicidade e da quietude — a cerimônia do chá.

Princípios de Configuração e Meios Pictóricos

O Zen-budismo pretende para si "uma transmissão especial, fora dos rumos tradicionais de ensino", e visa ao *Nada absoluto*, além de toda forma e de toda cor, e renuncia quase totalmente à inclusão da pompa no culto. Portanto, a pintura que estava a seu serviço teve que se libertar quase que à força das convenções das imagens da arte Mahayana ortodoxa; precisou trilhar outros caminhos, começar por outros princípios de representação e instituir outros meios pictóricos. Assim, a própria pintura zen nunca apresentou as suas mais elevadas figuras religiosas — os budas e os bodhisattvas — num numinoso desdobramento de poder ou dotados de êxtase sobre-humano. E por isso pôde prescindir de dois princípios fundamentais de representação da pintura sacramental tradicional: em primeiro lugar, renunciou à alusão de diferentes níveis de existência pertencentes à mais elevada e inatingível esfera búdica em sua harmonia de um outro mundo e em sua abstração sem símbolos, chegando até o fundo e renunciando à pesada esfera humana. Em segundo lugar, abdicou os critérios de importância que diferenciam o domínio das figuras na composição, segundo sua hierarquia e sua grandeza religiosa.

As figuras sagradas do Zen permanecem no plano da experiência existencial humana. Também na espiritualização ideal ou na elevação heróica elas mantêm, em alto grau, a moderação nos conceitos concretos e empíricos a respeito do espírito de camaradagem. As figuras formadas e impregnadas do espírito zen — salvo raras exceções — têm dimensões históricas.

Pode-se afirmar, em geral, que a pintura zen parte do disponível e do comum, que ela dá valor a detalhes biográficos e a anedotas lendárias, integrando-as com tanta naturalidade como integra a modéstia do cotidiano. Entretanto, essa pintura não visa a expor um inventário, utilizando os meios mais realistas e ilusionistas possíveis. Somente os retratos contemporâneos dos mestres zen-budistas, os *Chinso*, se empenham nessa tarefa, isto é, tentam traçar a semelhança dos retratos no mais alto grau possível, de acordo com seu próprio caráter auto-representativo, transmitindo a presença espiritual da personalidade, independentemente do espaço e do tempo. Nesse sentido, a pintura zen segue regras relativamente rigorosas que, como vimos, vão até o ponto de determinar o alinhamento das inscrições dos quadros pela direção do olhar da pessoa retratada. Esta é uma convenção que deixou sua marca em grande parte da pintura do Zen-budismo.

Fora isso, o que domina é uma liberdade de regras, uma liberdade de princípios ou sistemas que quase não se podem definir por si mesmos. Conceitos como assimetria, simplicidade e naturalidade são características marcantes de uma obra de arte zen, e já se apresentam a partir do tratamento sintético da "Estética e Concepção Artística do Zen". O paralelismo, a noção de eixo e de imagem frontal, e tudo o que é suscetível ao princípio simétrico, é abandonado em favor de um equilíbrio e de uma correspondência rítmica que se dão aparentemente por acaso, mas que, em última instância, surgem de uma segurança e de uma clareza mutante, semelhante a um sonho. Os objetos pictóricos juntam-se como por acaso, e não seguem sequer um esquema de composição racional calculado ou algum princípio organizador, mas obedecem a uma lógica e a uma necessidade internas. Daí resultam diversas correspondências de tensão latentes, eventualmente entre as superfícies pintadas e as superfícies vazias, entre as linhas e as camadas, entre o claro e o escuro, entre o objeto e o espaço. A pintura zen aprendeu a sintetizar seus objetos pictóricos em sua essência, sem um retrocesso decisivo na escala do grau de realidade. Soube eliminar todos os ingredientes que desviam de uma afirmação artística. Esse processo de concentração corre paralelo com a subordinação das cores, e até com a conseqüente renúncia a elas.

Ao lado da pintura dos personagens, que são os abades zen em faustosa ornamentação, numa multiplicidade brilhante e colorida, as imagens dos Arhat nos são apresentadas sobretudo com um certo colorido. Shakyamuni e Bodhidharma aparecem com freqüência vestidos com um simples manto monástico vermelho.

Contudo, a base de suporte da arte zen é a pintura a nanquim monocromática. É a que melhor corresponde à necessidade que o zen sente de uma expressão espontânea e individual, de uma expressão de simplicidade e, em última instância, de uma impressão de vazio todo-abrangente. Durante seu florescimento, a arte do nanquim zen-budista pôde apoiar-se nas técnicas preservadas e procedentes da China, havendo, por vezes, alcançado a maturidade após séculos de pintura mundana. A utilização do "nanquim quebrado" (*p'o-mo*, em chinês, *haboku*, em japonês) remonta provavelmente a Wang Wei (699-759), poeta e pintor elevado à posição idealizada de uma pintura literária. Essa técnica consiste em espalhar a pintura úmida em contornos matizados — diferentes em cores firmes —, abrindo possibilidades insuspeitadas para a realização individual, emocional e artística. Contudo, toda a utilidade da estética apoiada sobre o potencial expressivo do "nanquim quebrado", ao que tudo indica, parece estar reservada aos pintores da dinastia Sung do sul (1127-1279), que gozavam da mais alta consideração na China e no Japão.

Aproximadamente na mesma época, por volta do final do século VII e o princípio do século VIII, foi usada pela primeira vez uma técnica escrita usando outros sinais. Já naquela época, o zen era considerado um gênero de pintura excêntrico, com "nanquim esguichado ou manchado" (*p'o-mo*, em chinês, *hatsu-boku*, em japonês). De fato, essa técnica devia seu encanto artístico, em grande parte, à liberdade interior dos artistas que a utilizavam, ignorando as rigorosas regras tradicionais. Eles manuseavam os pincéis e o nanquim sem intenções precisas, como se estivessem brincando, e jogavam também com os efeitos fornecidos naturalmente pelo acaso. Trechos preservados, no Japão, das duas séries das "Oito Paisagens do Hsiao e do Hsiang", atribuídos aos monges-pintores Mu-ch'i e Yu-chien da dinastia Sung, são exemplos clássicos dessa síntese radical, limitada a tão poucos elementos. Do lado japonês, o monge zen Sesshu Toyo (1420-1506) criou, em 1495, com sua paisagem conservada no Museu Nacional de Tóquio, a mais famosa obra dessa técnica de nanquim congênita à liberdade do espírito zen.

Tendências semelhantes foram se acrescentando à arte da caligrafia e, por volta da metade do século VIII, atingiram seu ponto culminante com a criação do "monge maluco", Huai-su (725-785). Afirmam que ele praticava a pintura escrevendo, bêbado, sobre folhas de bananeira, sobre tábuas de madeira, sobre roupas e paredes. Seu estilo caligráfico voluntarioso teve um efeito marcante não apenas entre os literatos não-convencionais da dinastia Sung, na China, porém encontrou uma repercussão cada vez maior entre os monges zen chineses e japoneses. A arte da escritura livre e cursiva de I-shan I-ning (1247-1317), por exemplo, também corresponde, em última análise, a essa mesma fonte.

Através do manejo aparentemente irregular dos meios para criar quadros, abre-se também ao pintor a possibilidade de expressar-se de forma totalmente espontânea e natural, permitindo-lhe conferir uma forma visível às suas inspirações momentâneas. Aqui a ênfase é colocada sobre "A Escrita (nascida daquele momento) da Idéia", o que em chinês denomina-se *Hsieh-i*. Uma reprodução exata dos objetos, isto é, o anseio de uma semelhança formal, retrocede antes os valores gráficos de expressão totalmente pessoais da "caligrafia" do artista. Surge, então, um efeito muito apreciado na pintura não-convencional zen-budista, através da pincelada dinâmica e brusca e do uso do nanquim intencionalmente tosco. Esse efeito é acentuado pelo espalhar dos pêlos do pincel, em seu rápido "vôo flutuante" sobre a superfície a ser pintada, que deixa transparecer até o branco do fundo em seus traços: é o efeito do *Fei-pai* ou *Hihaku*, do "branco que sobrevoa". Nele está inserido um aspecto de execução decididamente transitório no tempo. Os pintores e artistas calígrafos preferem usar "pincéis ressecados", velhos e desfiados (*k'o-pi*, em chinês, *kappitsu*, em japonês) para delinear esse traço descontínuo e volumoso.

A posição mais importante, no amplo espectro dos elementos e forças pictóricas, é concedida ao traço. A pintura religiosa clássica e mundana do leste asiático é elaborada principalmente por meio de uma linguagem linear de certa frieza, distanciada e muito pessoal. O traço, aqui, não possui nenhum valor próprio. É uniforme no que concerne às suas características: é fino, preciso, de utilidade objetiva. E, em todas as qualidades rítmico-musicais que lhe são reconhecidas, assim como nos seus efeitos decorativos e ornamentais, têm primordialmente a função de separar as superfícies entre si e de definir os contornos dos planos por elas delimitados como objetos no quadro. Em sua forma mais pura, este traço pode realizar o denominado "desenho sobre o branco" (*pai-miao*, em chinês; *hakubyo*, em japonês) que renuncia totalmente às cores.

Esse traço continuou pertencendo aos domínios da pintura do retrato. Seu mais importante representante foi o pintor, poeta e especialista da antiguidade, Li Kung-lin (1049-1106), também funcionário da corte. Esse tipo de pintura só raramente foi utilizado para retratar temas zen-budistas. Efetivamente, algumas obras mostram que potencial de expressão sublime está inserido no desenho puramente linear, até no que concerne à arte zen. Destacam-se as seguintes: os dezesseis rolos de Lohan, atribuídos a Fan-lung, que se encontram na Freer Gallery of Art; o quadro de Yuan com os "Quatro Dorminhocos", preservado no Museu Nacional de Tóquio, assim como o retrato do Bodhisattva "Kuanyin em Túnicas Brancas", assinalado por uma simplicidade que beira o ascetismo, com um efeito de irrealidade. Essa obra foi pintada por Chueh-chi Yung-chung, pintor e monge ch'an, que viveu, diante dos portais de Suchou, como discípulo do abade Chung-feng Ming-pen (1263-1323); encontra-se no Cleveland Museum of Art.

O pólo oposto do tipo linear severo, constantemente fino e como que desmaterializado do *Pai-miao*, é constituído pelo traço a nanquim cheio de vida, expressivo e modulado de forma dinâmica. Esse traço desem-

138

penha incontestavelmente o papel principal na pintura zen-budista, particularmente no manejo das figuras. Sua vitalidade vem do seu crescimento e diminuição elásticos, que lhe conferem não só uma certa bidimensionalidade própria, porém ao mesmo tempo permitem-lhe comunicar uma substância corpórea e uma curva plástica arredondada à forma representada, graças às suas características de sombras modeladoras. Além disso, a força mutável associada com o nivelamento de tonalidade do nanquim imanente na letra consegue transições que deslizam entre o traço e o plano, entre o claro e o escuro, entre o objeto e o fundo vazio, entre os corpos e o espaço. E nessa relação dialética, a dita força transformadora de tonalidades vai espraiando-se numa abertura para todos os lados, congruente com o objetivo essencial do Zen, e ultrapassa o compromisso unilateral e o objetivo final. O traço do nanquim que flui, que obedece a uma legitimidade em última análise independente do objeto, não revela o seu próprio processo de criação; deixa o observador concluir a sua evolução, incluindo-o assim em seu ato criativo, transitório e ao mesmo tempo atemporal.

O pintor Liang K'ai, que trabalhou na Academia Imperial na primeira metade do século XIII, mantinha estreitos contatos com o clero ch'an de Hangshou. Em sua obra artística de estilo extremamente multifacetado, ele ocupou-se de um grande número de temas tipicamente zen-budistas. Entre outras coisas, cultivou uma linguagem linear sintética indelével, ligada a seu nome – *Chien-pi,* em chinês, *Gem-pitsu-tai,* em japonês. Essa forma de pintura que visa a uma transposição espontânea o mais concentrada possível das concepções modelares, elaborada com um "pincel curto", corresponde completamente à essência do Budismo meditativo, em sua intensidade e clareza.

Um poema da Antologia daquele que se supõe intimamente ligado ao teimoso pintor da corte e mestre ch'an, Pai-chien Chu-chien (1164-1246), começa com uma frase que caracteriza a técnica de *Chien-pi:* "Liang K'ai maneja o nanquim com muita parcimônia, como se ele fosse ouro; porém, se ele se embebedar, o nanquim se condensa completamente, tornando-se borrões úmidos, como se ele apenas pudesse acompanhar a música celeste com meros ruídos ou com o silêncio. . .". Como o título o indica, este poema foi apresentado pelo 37º abade de Ching-tz'u-ssu "como presente a Liang, que trabalhava no palácio a serviço de sua Majestade".

Ao lado da técnica extremamente sintética do manejo do pincel, a pintura zen-budista de retratos usou um estilo idiomático que lhe é familiar a partir do século XIII. Seu efeito convincente se deve à relação íntima entre a figura insinuada nas linhas suaves de um nanquim cinza-pálido com algumas poucas ênfases de um negro profundo e o fundo vazio do quadro. Seu caráter efêmero já lhe foi conferido pela denominação

139

Wang-liang-hua (*moryoga*, em japonês), que lhe foi dada pelo erudito confucionista Lou Yo (falecido em 1213), significando "pintura fantástica". Lou Yo, amigo de alguns mestres ch'an, observara o que naquela época era considerado o novo estilo, nas obras do monge e pintor Chih-yung. Este viveu durante a primeira metade do século XII em Ling-yin-ssu, um dos grandes mosteiros de Hang-chou. Esse artista pintara seus quadros com um nanquim tão fluido e diluído que o objeto era quase irreconhecível, aparecendo de modo "fantasmagórico", para logo desaparecer no vazio do fundo, aberto em todas as direções. É difícil descrever essa condição flutuante ambivalente do *Wang-liang-hua* de uma maneira mais precisa do que o fazem as palavras de Dietrich Seckel:

"Pois é justamente o visível que, fundamentado sobre a ontologia, torna de certo modo consciente as fronteiras do manifestado e, assim, o significado de sua intransponibilidade é talvez a realização mais importante do quadro, e a do observador criativo inspirado por ele. A 'capacidade de traço rápido' do quadro zen é, portanto, algo completamente diverso daquilo que o ocidental entende por essas palavras. Trata-se de uma sínte-

"Aldeia Montanhosa no Nevoeiro Claro." Fragmento de uma série com as "Oito Vistas do Hsiao e do Hsiang", de autoria de Yu-chien, segunda metade do século XIII. Idemitsu Museum of Arts, Tóquio.

se concentrada na essência mais íntima e apenas suspeitada das coisas e, ao mesmo tempo, uma indicação de fronteiras em si mesmas modestas, cujo objetivo é a transposição dessas mesmas fronteiras, e num sentido radical. Assim, como o pensamento religioso não reconhece aqui nenhuma verdadeira oposição, também o âmbito das coisas representadas nos quadros deslizam para o fundo vazio, de onde surgem. Por vezes, parecem voltar a submergir nesses sonhos e sombras que sempre transluzem de algum modo através de sua transparência. Também nesse caso, chega-se até o limiar de uma derradeira fronteira para poder pressentir o ilimitado, o intransponível."[34]

Notas

1. *Der Zen-Weg*, Wilhem/Obb., 1958, p. 50. Publicado pela Editora Pensamento com o título de *O caminho zen*.
2. Citação de Daisetz T. Suzuki, na obra de Eugen Herrigel, *Zen in der Kunst des Bogenschiessens*, München-Planegg, 8ª edição, 1959, p. 8. Publicado pela Editora Pensamento com o título de *A arte cavalheiresca do arqueiro zen*.
3. Introdução de Daisetz T. Suzuki à obra de Eugen Herrigel, *Zen in der Kunst des Bogenschiessens*, München-Planegg, 8ª edição, 1959, p. 8.
4. *Der Zen-Weg*, Eugen Herrigel, Wilhem/Obb., 2ª edição, 1964, p. 9.
5. Huang-po: *Der Geist des Zen*. O texto clássico de um dos maiores mestres zen da China do século IX, apresentado por John Blofeld, Berna-Munique-Viena, 1983, p. 83.
6. Wilhelm Gundert: *Bi-yan-lu*. O depoimento do mestre Yuan-wu a respeito da muralha de esmeraldas, compilado a partir do Djia-schan próximo a Li em Hunan entre 1111 e 1115, impresso em Sitschuan por volta de 1300, capítulos I-33, Munique, 1960, capítulos 34-50, ed. de 1967, ou capítulos 51-68, ed. de 1973.
7. Comparar com Heinrich Dumoulin: O Wu-men-kuan ou "A Passagem sem Portal" da *Monumenta Serica*, volume VIII/1943, pp. 41-102 ou "Wu-men-kuan. A Passagem sem Portal" (*Monumenta Nipponica Monographs*, nº 13), Tóquio, 1953.
8. *Der Zen-Weg*, p. 46.
9. D. T. Suzuki: *Die Grobe Befreiung*, Leipzig, 1939, 10ª edição, Berna-Munique-Viena, 1983, p. 14.
10. *Zen und die Kultur Japans*, rde 66, Hamburgo, 1958, p. 21.
11. *Zen and Japanese Culture*, Bollingen Series LXIV, Princeton, 1959, pp. 44 s.

12. Comparar com Lao-tsé: *Tao Te King.* Tradução, Introdução e Notas de Günther Debon, Reclam Universal-Bibliothek Nr. 6798/98 a, Stuttgart, 1961, p. 76.
13. Kioto, 1958; *Zen and the Fine Arts,* traduzido por Gishin Tokiwa, Tóquio – Palo Alto, 1971.
14. Comparar com a admirável tradução de Wilhelm Gundert sob o título de *Bi-yan-lu* (p. 6, Notas).
15. *Sharira* são relíquias de restos mortais venerados, ou as cinzas do corpo incinerado de um grande iluminado budista.
16. Wilhelm Gundert: *Bi-yan-lu,* volume I, Munique, 1960, p. 264.
17. *Zen und die Künste,* pintura a nanquim e caligrafias do Japão, editado pelo Museum für Ostasiatische Kunst der Stadt Koln, Colônia, 1979, nº 2.I, pp. 38 s.
18. Dietrich Seckel: *Jenseits des Bildes,* símbolos icônicos da arte budista, ensaios da Academia de Ciências de Heidelberg, aula de filosofia histórica. Heidelberg, 1976, p. 61.
19. Este é o local em que o Buda teve a sua iluminação, embaixo da árvore Bodhi.
20. Dietrich Seckel: *Buddhistische Kunst Ostasiens,* Stuttgart, 1957, p. 236.
21. "O Regresso de Shakyamuni das Montanhas", *Asiatische Studien,* XVIII/XIX, 1965, p. 37.
22. *Han Shan: 150 Gedichte vom Kalten Berg,* tradução, comentário e introdução de Stephan Schuhmacher, Düsseldorf – Colônia, 1984, p. 175.
23. *Lyrik des Ostens,* Munique, 1952, p. 425.
24. *Asiatische Studien,* XVIII/XLX, 1965, p. 64.
25. *Buddhistische Kunst Ostasiens,* p. 241.
26. Rose Hempel: *Zenga,* pintura zen-budista, Munique, 1960. Abb. 22, p. 62.
27. Heinrich Dumoulin: *Zen,* história e forma, Berna, 1959, p. 163.
28. D. T. Suzuki: *Sengai,* os mestres zen, Londres, 1971, nº 40, pp. 94 s.
29. Kurt Brasch: *Zenga,* pintura zen, Tóquio, 1961. Abb. 54, p. 168, e Rose Hempel: *Zenga,* pintura zen-budista, Munique, 1960, Abb. 27, p. 62.
30. Oscar Benl: "Die Lehre des Küchenmeisters. Das Tenzo-kyokun von Dogen", *Oriens Extremus,* 22/I, Junho de 1975, pp. 78 s.
31. *Tu Fu's Gedichte,* tradução de Erwin von Zach, Harvard-Yenching Institute Studies VIII, vol. I, Cambridge, Mass., 1952. II-57, pp. 73 s.
32. Wolfgang Bauer: *China und die Hoffnung auf Glück,* paraísos, utopias, ideais imaginados, Munique, 1971, p. 246.

33. Eugen Herrigel: *Der Zen-Weg*, Wilhem/Obb., 2ª edição, 1964, p. 48; publicado pela Editora Pensamento com o título de *O caminho zen*.
34. *Buddhistische Kunst Ostasiens*, Stuttgart, 1957, pp. 248 e 249.

Leia também

O ZEN NA ARTE DA CERIMÔNIA DAS FLORES

Gusty L. Herrigel

Arte e religião estão intimamente interligadas na história da cultura japonesa. Os arranjos florais obedecem a normas que não constituem uma arte no seu verdadeiro sentido, mas são a expressão de uma experiência de vida muito mais profunda.

A *Ikebana,* palavra que pode ser traduzida como "a arte de conservar as plantas vivas em recipientes com água", inclui o voto de amar as flores como seres vivos e de cuidar delas com bondade. Até a água com que as regamos deve ser vertida com a consciência da responsabilidade que temos em relação à vida das flores.

Como as outras artes zen japonesas — a do arqueiro, a da esgrima e a da cerimônia do chá — a cerimônia das flores transmite um ensinamento espiritual capaz de nos proporcionar um vislumbre da beleza e do segredo da vida.

Praticado com a adequada disposição de espírito, o culto das flores é um dos caminhos mais harmoniosos para se chegar ao conhecimento de si mesmo e para a aquisição de uma consciência elevada que transcenda todo pensamento racional e utilitário. Afinal, como diz Bokuyo Takeda, mestre de Gusty Herrigel, "o homem e a planta são mortais e mutáveis; o significado e a essência do arranjo floral são eternos".

EDITORA PENSAMENTO

O ZEN NA ARTE DA
CERIMÔNIA DO CHÁ

Horst Hammitzsch

O conceito de Caminho é encontrado no centro de toda criação cultural e espiritual no Japão, como um fio condutor das várias facetas da arte em suas múltiplas manifestações. O Caminho é, ainda, a tradição de uma arte. Sem ele, não haveria uma trajetória a ser seguida.

Entre os vários Caminhos que existem no Japão — o Caminho das Flores, o Caminho da Poesia, o Caminho da Pintura — o Caminho do Chá, por inspirar e conter elementos de todos os outros Caminhos, ocupa uma posição especial e atrai mais discípulos do que qualquer outra arte japonesa.

Depois de transpor os muros dos mosteiros e dos templos, depois de abandonar a corte imperial e de ultrapassar as barreiras de classes, o chá passou a representar não apenas o domínio artístico e artesanal na sua preparação e no modo de bebê-lo, mas uma determinada postura diante da vida.

Este livro é um convite para acompanhar a trajetória do chá a partir de sua condição de mera bebida medicinal e estimulante até se tornar o centro de um tipo de reunião social que transcende os limites das leis da cortesia e da hospitalidade.

Além de analisar os aspectos históricos e sociais do Caminho do Chá, o autor se detém numa das etapas mais importantes de sua trajetória: aquela em que os Caminhos do Chá e do Zen se cruzam nos mosteiros budistas, interligando-se de uma forma tão perfeita ao ponto de se poder afirmar que, quando um homem descobre em si uma tendência interior que o liga ao Caminho do Chá, e passa a encará-la com seriedade, ele já preencheu o objetivo intrínseco do Caminho Zen.

EDITORA PENSAMENTO

Editora Pensamento
Rua Dr. Mário Vicente, 374
04270 São Paulo, SP

Livraria Pensamento
Rua Dr. Rodrigo Silva, 87
01501 São Paulo, SP

Gráfica Pensamento
Rua Domingos Paiva, 60
03043 São Paulo, SP